ディズニーアニメーション トリビアクイズ

Disney Animation Trivia Quiz

ディズニーアニメーションのトリビアを盛り込んだ、４択のおもしろクイズ約180問に挑戦！　ミッキーと仲間たちが活躍する短編、おなじみの『美女と野獣』『リトル・マーメイド』などの長編、さらにディズニー＆ピクサー作品からも選りすぐり、バラエティーに富んだクイズをお届けします。すべての問題が解説つきなので、初心者からマニアまで楽しみながら知識を身につけられる一冊です。あなたはいくつ解ける？

ディズニーファン編集部／編

ディズニーアニメーション
トリビアクイズ

Contents

※この本は「ディズニー トリビアクイズ」(ディズニーファン編集部／編　2015年刊)の増補改訂版です。

※本文中の公開年は、アメリカで一般公開された年です。

ディズニーアニメーション
ミッキー＆フレンズ

Disney Animation: Mickey & Friends

ミッキーマウスとその仲間たちが活躍した、初期のディズニーアニメーションのクイズに挑戦。すべては１匹のネズミから始まった！

Q001

『蒸気船（じょうきせん）ウィリー』で、
ミッキーマウスが演じた役はなに？

① コック
② ミュージシャン
③ 船員
④ 船長

A001 ③ 船員

1928年11月18日、ニューヨークのコロニー劇場で公開された『蒸気船ウィリー』は、ミッキーとミニーのデビュー作だ。口笛を吹きながら、蒸気船ウィリー号を操縦（そうじゅう）するミッキー。船長のシンボルの帽子（ぼうし）をかぶり、ゴキゲンなのだが、実は船長はヤマネコのピートで、ミッキーは船員。勝手に船を操縦していたらしく、ピートに怒られてしまう。でも、陽気なミッキーは途中で乗り込んできたミニーと一緒に、音楽を演奏して楽しむのだった。

Q 002

『ミッキーのライバル大騒動』で、ミッキーは自分のパンツのポイントになっている楕円形(だえんけい)のものを、なんと言った？

① ポケット
② ボタン
③ 刺(し)しゅう
④ ワッペン

Q 003

「しあわせウサギのオズワルド」シリーズで、最初につくられた作品のタイトルはなに？

① 『かわいそうなパパ』
② 『トロリー・トラブルズ』
③ 『ジ・オル・スイミン・オール』
④ 『ホット・ドッグ』

A002 ② ボタン

赤いパンツはミッキーのトレードマーク。『ミッキーのライバル大騒動』(1936)で、モーティマー・マウスが、パンツについているボタンを見て、ミッキーをからかう。モーティマーはミニーの幼なじみらしいのだが、キザでイヤミなやつ。ミッキーにボタンを見せてくれと言い、2つとも引きちぎってしまうのだ！ ちなみに『ミッキーの夢物語』(1936／写真右) など、パンツの後ろにも楕円が描かれた作品がある。これもボタン？

A003 ①『かわいそうなパパ』

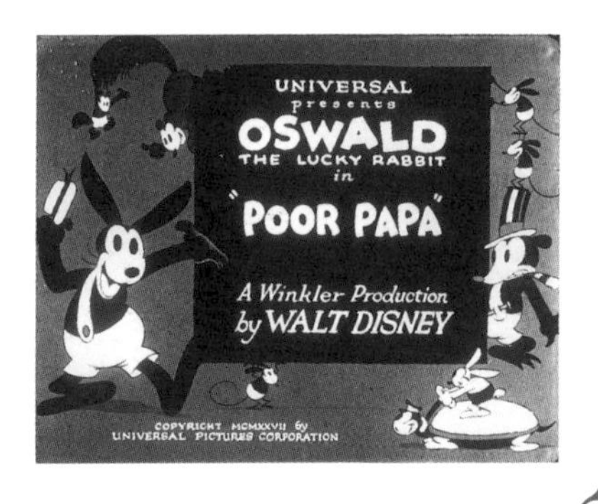

オズワルドは小さなウサギのキャラクター。ミッキーマウス誕生より早い1927年に、ウォルト・ディズニーが配給元であるユニバーサルと、26本の「しあわせウサギのオズワルド」シリーズを製作する契約(けいやく)を結んだ。その第1作目が『かわいそうなパパ』なのだが、配給元から作品にクレームがつき、2作目の『トロリー・トラブルズ』が先に公開されて、人気を呼んだ。

Q 004

**プルートはミッキーの愛犬。
では、その犬種はなに？**

① ボルゾイ
② ブラッドハウンド
③ ポインター
④ グレートデン

Q 005

**ミッキーマウスの甥(おい)っ子、
モーティーとフェルディが登場する作品はどれ？**

①『カーニバル・キッド』
②『ミッキーの造船(ぞうせん)技師』
③『ミッキーの日曜日』
④『ミッキーの道路工事』

A004 ② ブラッドハウンド

プルートの犬種は、長くたれさがった耳や顔のしわが特徴的で、嗅覚がすぐれた猟犬のブラッドハウンドだ。1930年に公開された『ミッキーの陽気な囚人』でデビューしたときは、刑務所を脱走したミッキーを追跡する、警察犬のような役で登場。この作品ではまだ名前はなく、ミッキーの愛犬のプルートとなったのは『ミッキーの大鹿狩り』(1931) から。

A005 ④『ミッキーの道路工事』

ミッキーの甥っ子、モーティーとフェルディは、1932年にコミックで初登場。スクリーンにデビューしたのは『ミッキーの道路工事』(1934) で、彼らが登場する唯一の作品だ。ミッキーは、道路工事などで使う、大きなスチームローラーの運転手役で登場。甥っ子2人は大変ないたずらっ子で、スチームローラーでホテルをこわしてしまう。

Question

Q 006

『ミッキーの大演奏会』で、ドナルドがフルートで演奏するのはどの曲？

① 「ウィリアム・テル序曲」
② 「メリーさんの羊」
③ 「フィガロの結婚」
④ 「わらの中の七面鳥」

Q 007

『リスの冬支度（じたく）』で、チップとデールは大量の木の実をどうやって手に入れた？

① クマに木を揺（ゆ）すって落とさせた
② 森に植えられる木の実を持ち去った
③ スーパーマーケットで買った
④ 動物園に紛（まぎ）れ込（こ）んでエサとしてもらった

A006 ④「わらの中の七面鳥」

屋外でコンサートを行うミッキーとそのバンドが「ウィリアム・テル序曲」の演奏を始めると、ドナルドがアイスクリームを売りにやってくる。バンドを見つけるや、フルートを持ちだしてバンドに参加したドナルドは、「わらの中の七面鳥」を吹きはじめる。すると、バンドもつられて同じメロディーを演奏。怒ったミッキーはフルートを取り上げるが……、それでもドナルドはめげない。

A007 ②森に植えられる木の実を持ち去った

チップとデールは、冬支度のために木の実を集めるが、思うようにはかどらない。そんなとき、森に木の実を植えにやってきたドナルドを発見。1つずつていねいに植えるドナルドの後をつけて、その木の実を掘り起こしていく。さらに、大胆な行動に出たチップとデールは、ドナルドがかつぐ袋に穴を開け、一度にすべての木の実を持ち去ってしまう。

Question

Q 008

『グーフィーの釣り教室』で、グーフィーが湖で釣り上げた大物はなに？

① ニジマス
② 長靴
③ ビーバーの巣
④ ボートのモーター

Q 009

『ミッキーのアナウンサー』で、ミニーがすることはなに？

① 楽器を演奏する
② マイクのテストをする
③ ラジオ番組の台本を書く
④ ラジオ番組を聴（き）く

A008 ④ ボートのモーター

ボートで湖に出たグーフィーは、釣り糸を垂れるや間もなく引きを感じる。大物の手応えに、逃がしてなるものかと必死で釣り竿を握るグーフィー。ところが、ようやく獲物を手にしてみると、なんと自分が乗っていたボートのモーターだった。

A009 ① 楽器を演奏する

ミッキーが納屋に作ったスタジオからラジオ番組を生放送する、『ミッキーのアナウンサー』(1931)。そのなかでミニーは、クララベル・カウやホーレス・ホースカラーと一緒に、番組で放送する音楽を演奏する。最初はサックスを吹き、続いてハープを奏ではじめたミニーは、手ばかりか足まで器用に使って、みごとな演奏を披露する。

ディズニーアニメーション
1937年〜1967年

Disney Animation: 1937-1967

1937年に公開された世界初の長編アニメーション『白雪姫』から、『ジャングル・ブック』(1967)までの問題に挑戦！

Q010

『ジャングル・ブック』の舞台になったのはどこ？

① インド
② メキシコ
③ ブラジル
④ アメリカ

A010 ① インド

ウォルト・ディズニーが直接手がけた長編アニメーションとしては最後の作品となった『ジャングル・ブック』。原作は19世紀に出版されたイギリスの作家キップリングの同名作品だ。物語の舞台はインドのジャングル。置き去りにされた人間の赤ちゃんを黒ヒョウのバギーラが見つけ、子どもが生まれたばかりのオオカミ一家に預ける。モーグリと名づけられたその少年と、個性豊かなジャングルの動物たちとの交流に、心があたたまる傑作だ。ちなみに"ジャングル"の語源は、おもにインドで話されているヒンディー語だとか。

Q011

**英語版の『白雪姫』で、
同じ人物が声を担当しているこびとは、
グランピーとだれ？**

① ドック
② スリーピー
③ ハッピー
④ バッシュフル

Q012

**『ピノキオ』で、ゼペットが
怪物クジラのお腹の中でピノキオと再会したとき、
なにをしていた？**

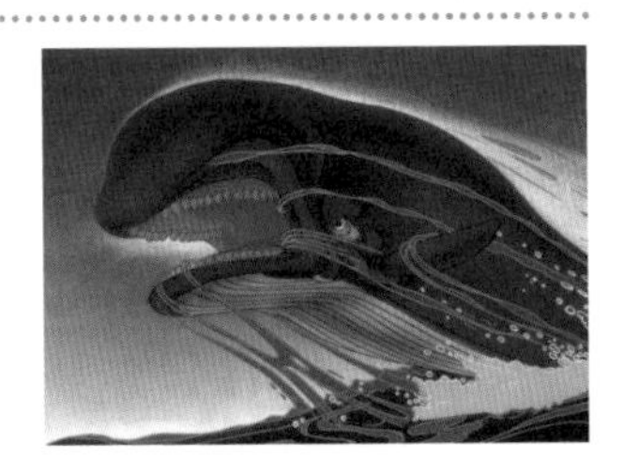

① 釣り
② 読書
③ 人形作り
④ 洗濯

A011 ②スリーピー

物語のなかで、白雪姫をかくまうという、重要な役割をはたす7人のこびとたち。グランピー（おこりんぼ）とスリーピー（ねぼすけ）の声は１人2役で、ピント・コルヴィッグが担当している。1930年代に作家としてディズニー・スタジオで活躍したピント・コルヴィッグは、グーフィーの声を演じたこともある。

A012 ①釣り

ピノキオを捜しに出て、怪物クジラ（モンストロ）に飲まれたゼペット。クジラのお腹の中で釣りをしていると、マグロの大群が飲み込まれてくる。久しぶりの食料に、夢中になって釣り上げるゼペット。その中にはなんと、ゼペットを捜しにきたピノキオの姿が！マグロに気を取られ、ピノキオを一緒に釣り上げていたことに気づかなかったのだ。

Q 013

**『ピノキオ』のラストシーンで、
ジミニー・クリケットが妖精（ようせい）（ブルー・フェアリー）に
もらったごほうびはなに？**

① 懐中（かいちゅう）時計
② バッジ
③ ペンダント
④ トロフィー

Q 014

**ディズニー不朽の名作『ファンタジア』の、
最終幕で使われている曲は
「禿山（はげやま）の一夜」となに？**

① 「春の祭典」
② 「組曲／くるみ割り人形」
③ 「アヴェ・マリア」
④ 「魔法使いの弟子」

A013 ②バッジ

木の操り人形であるピノキオが、本当の人間の子どもになれるよう、妖精からピノキオの良心役に任命された、コオロギのジミニー・クリケット。最後にピノキオが人間になり、役目を果たしたジミニーは、妖精からごほうびに金のバッジをもらう。「OFFICIAL CONSCIENCE（公認 良心）」と書かれたバッジに、ジミニーは大感激！

A014 ③「アヴェ・マリア」

クラシック音楽と映像の融合が魅力の『ファンタジア』。最後を飾る曲は、ムソルグスキーの「禿山の一夜」と、シューベルトの「アヴェ・マリア」だ。正反対な印象の曲を組み合わせ、善と悪を描く2部構成になっている。前半は魔物たちの狂宴が続くが、朝の光が差し込むと「アヴェ・マリア」のおごそかな調べに変わり、静かに幕が閉じる。

Q 015

『ダンボ』で、ダンボが空を飛ぶために力を貸してくれたカラスは何羽？

① 2羽
② 5羽
③ 8羽
④ 10羽

Q 016

『バンビ』のラストで、自分の子どもを“バンビ”と呼んでいたのはだれ？

① とんすけ
② ミセス・ポッサム
③ フラワー
④ フクロウ

A015 ② 5羽

アクシデントで酔っぱらい、木の上で寝ていたダンボとティモシーを見つけた５羽のカラス。最初はダンボをからかうが、身の上話を聞くと、ダンボが空を飛ぶために協力してくれる。このカラスたちには名前があり、写真左から、グラス・クロウ、プリーチャー・クロウ、ダンディ・クロウ、ストローハット・クロウ、ファット・クロウ。知っていた？

A016 ③ フラワー

物語の最後で、バンビたちが住む森に３度目の春がきたときに、バンビとファリーンの子どもが誕生する。ウサギのとんすけとスカンクのフラワーも父親になっていて、バンビの子どもを見ようと、家族で駆けつけるのだが、その場面でフラワーは子どもに“バンビ”と呼びかける。これは、仲よしのバンビにちなんでつけた名前なのかも。

Q017

**『シンデレラ』で、ネズミのジャックは、
妖精のおばあさんの呪文でなにに変身した？**

① 御者（ぎょしゃ）

② 従者

③ 公爵（こうしゃく）

④ 白馬

Q018

**『ふしぎの国のアリス』に登場するそっくりな双子（ふたご）、
トゥイードルディーとトゥイードルダム。
アリスはどこで見分けた？**

① 顔

② 靴

③ 襟（えり）

④ 帽子

A017 ④ 白馬

妖精のおばあさん（フェアリー・ゴッドマザー）の魔法で、お城の舞踏会へ行く支度を整えるシンデレラ。カボチャは馬車に、イヌのブルーノは従者に、ネズミのジャックやガスたちは、４頭の白馬に変身する。そして、シンデレラが着ていた服は美しいドレスになり、履いていた靴はガラスの靴に！ 無事、舞踏会へ向かうのだった。

A018 ③ 襟

アリスは白ウサギを追いかけて迷い込んだ森の中で、おかしな2人組に出会う。顔はもちろん、黄色いシャツに赤いズボン、旗のついた帽子という、そっくり同じスタイルで、見分けがつかない。だが、アリスは襟に名前が記されていることに気がつき、「双子のディーとダムね」と声をかける。

Q 019

**『ピーター・パン』に登場する
妖精といえばティンカー・ベル。
では、そのモデルを務めたのはだれ？**

① シャーリー・テンプル
② メアリー・コスタ
③ マーガレット・ケリー
④ マリリン・モンロー

Q 020

**『わんわん物語』で、「トニーの店」の店主トニーが
レディとトランプに歌ってくれる曲のタイトルは？**

① 「ベラ・ノッテ」
② 「彼がトランプさ」
③ 「世界に平和を」
④ 「ラララルー」

A019 ③マーガレット・ケリー

ティンカー・ベルのデザインを手掛けたのは、ディズニー伝説のアニメーター、マーク・デイヴィス。そして、この魅力的な妖精のモデルとなったのは、女優マーガレット・ケリーで、ティンカー・ベルの動きは、彼女の動きを基に作られている。また、マーガレット・ケリーは劇中で、入り江にいる人魚の声も担当しているとか。

A020 ①「ベラ・ノッテ」

レディを案内して「トニーの店」を訪れるトランプ。トニーは気のいい人物で、トランプが新しいガールフレンドを連れてきたと大喜び！　ミートボール多めの特製スパゲティを用意し、アコーディオンを弾きながら、ロマンティックな「ベラ・ノッテ」を歌う。1本のスパゲティを両端から食べた2匹が、思わずキスすることでも有名な場面だ。

Q 021

**『眠れる森の美女』で、
マレフィセントに立ち向かうフィリップ王子に、
妖精が授けた武器は"美徳の盾(たて)"となに?**

1. 正義の剣
2. 真実の剣
3. 光の剣
4. 聖なる剣

Q 022

**『101匹わんちゃん』で、
作曲家のロジャーが、
妻となるアニータと出会った
場所はどこ?**

1. 動物園
2. 遊園地
3. 公園
4. コンサートホール

A021 ② 真実の剣

フィリップ王子は、魔女マレフィセントに捕らえられ、牢屋で鎖につながれてしまうが、妖精のフローラ、フォーナ、メリーウェザーが王子を助け出してくれる。そして、オーローラ姫を救い出すため、王子に授けてくれた武器が"美徳の盾"と"真実の剣"だ。フローラはこの正義の武器で戦い、悪に打ち勝つようにと、王子を励ます。

A022 ③ 公園

ダルメシアンのポンゴの飼い主は、作曲家のロジャー・ラドクリフ。ロマンスに縁がない彼にお嫁さんを探そうと考えたポンゴは、飼い犬のダルメシアン、パディータと散歩をしていたアニータとの仲をとりもとうとする。計画は成功し、公園で出会った2人は結婚。ポンゴとパディータもカップルになり、15匹の子イヌが誕生する。

Q 023

**『王様の剣』に登場する、
魔法使いのマーリンと暮らしている
フクロウの名前は？**

① アルキメデス
② アリストテレス
③ ピタゴラス
④ ソクラテス

Q 024

**『シンデレラ』で、シンデレラと王子が
キスをした場所はどこ？**

① 馬車の中
② 城の庭
③ 城の大広間
④ シンデレラの家

A023 ① アルキメデス

1963年に公開された『王様の剣』は“アーサー王伝説”を、ディズニー流のファンタジーに仕立てた作品だ。魔法使いのマーリンは、城で働く少年ワートが未来の王様になると予言し、帝王教育を始める。アルキメデスは、マーリンと暮らしている賢いフクロウで、うっかりしたところがあるマーリンを、なにかとサポートしてくれる。

A024 ① 馬車の中

プリンセスのお話では、ハッピーエンドを迎えるために、キスシーンはお約束。シンデレラと王子（プリンス・チャーミング）の場合は、結婚式が終わり、乗り込んだ馬車の中でキスを交わし、エンディングとなる。実は舞踏会のときに、城の庭でキスをしそうになるのだが、12時の鐘が鳴り響き、シンデレラはその場を立ち去ってしまうのだ。

Q 025

**『ピーター・パン』に登場する迷子たちのうち、
双子が着ているのはどんな動物の服？**

① スカンク
② ウサギ
③ アライグマ
④ キツネ

Q 026

**『シンデレラ』に登場する意地悪(いじわる)なネコ、
ルシファーのモデルになったのはどれ？**

① CMで有名なネコ
② アニメーション・スタジオにやってくるネコ
③ ウォルト・ディズニーの隣家(りんか)のペット
④ アニメーターのペット

A025 ③ アライグマ

ネバーランドには、ピーター・パンの仲間の６人の迷子たちが住んでいる。すべて男の子で、どの子が着ているのも動物の形をした服。そのなかの双子はアライグマの服を着ていて、ラクーン・トゥインズ（アライグマの双子）と呼ばれている。

A026 ④ アニメーターのペット

『シンデレラ』の製作にあたり、ルシファーをどんなネコにするかがなかなか決まらなかった。ある日、アニメーターのウォード・キンボールの家を訪ねたウォルトが、キンボールが飼う、まるまると太って、毛がふさふさのネコを見て「ルシファーがそこにいるじゃないか!」と叫んだ。そして、このペットのネコがモデルになった。

Q 027

『白雪姫』で、こびとたちの家を訪れた白雪姫は3人のこびとのベッドの上で眠ってしまう。ドーピーとスニージーとだれのベッド？

① グランピー
② ハッピー
③ スリーピー
④ バッシュフル

Q 028

『ふしぎの国のアリス』で、ティーパーティーのときにマッドハッターがバターを塗（ぬ）ったのはなに？

① パン
② お皿
③ 帽子
④ 時計

A027 ②ハッピー

森の中でこびとたちの家を見つけた白雪姫は、やがて眠くなってこびとたちの寝室で眠ってしまう。そのときに白雪姫が横になったのは、並んだ3つのベッドの上。それぞれのベッドには、ドーピー、スニージー、ハッピーの名前が刻(きざ)んであった。やがて目覚めた白雪姫は、こびとたちと初対面することに。

A028 ④時計

パーティーの途中、あわてて走ってきた白ウサギの懐中時計を直そうとして、マッドハッターは、紅茶の中につける。さらに、時計の裏ぶたを開けて歯車やねじをフォークで取り出し、ついにはバターを塗りたくってしまう。帽子が専門のマッドハッターだけに、時計の修理を任せるのは、ちょっと不安。

Q 029

**『ピノキオ』で、ゼペットはピノキオを
なんの木で作った？**

① 樫(かし)の木
② 杉の木
③ 松の木
④ 樅(もみ)の木

Q 030

**『眠れる森の美女』が、アニメーションでは
世界で初めて採用したことはなに？**

① ステレオサウンドでの上映
② 70ミリフィルムでの上映
③ 3D映像での上映
④ 外国での字幕版での上映

A029 ③ 松の木

ピノキオが本当の子どもになるようにと願うゼペットが眠ると、ブルー・フェアリーがやってきて、願いをかなえてくれる。そのときの彼女のセリフは、日本語版では「木で作られたお人形、起きなさい」となっているが、英語版では"Little puppet made of pine, wake"。pine=松の木で、ピノキオが作られたことがわかる。

A030 ② 70ミリフィルムでの上映

70ミリフィルムを使うワイドスクリーン・テクニラマ70という方式が初めて採用されたアニメーションが、この作品。通常のフィルムは横幅が35ミリのところ、その倍の70ミリのフィルムを使うので、左右にワイドな画面で映像を楽しめる。もちろん、製作時には通常より大型のセル画と背景が必要になる。

Q 031

**『101匹わんちゃん』で、
ホーレスとジャスパーは
なんのふりをして
ラドクリフ家を訪ねた？**

① 電力会社の社員
② ガス会社の社員
③ 水道局の職員
④ ロンドン市の職員

Q 032

**『バンビ』で、バンビが初めて言おうとした
言葉はなに？**

① フラワー（花）
② バタフライ（チョウチョ）
③ バード（鳥）
④ サンパー（とんすけ）

A031 ① 電力会社の社員

ホーレスとジャスパーは、ダルメシアンの子犬たちを狙(ねら)うクルエラの手下。電力会社の社員を装(よそお)ってラドクリフ家を訪ねてくるが、いきなり「ガス会社」と言い間違えてドジを踏む。しかも、バッグに手書きしたらしい"ELECTRIC CO"(電力会社)の文字もいい加減で、ウソをついているのがバレバレ。

A032 ③ バード

生まれて間もないバンビは、森の中を歩いていても初めて目にするものばかり。鳥を見つけると、ウサギのとんすけに「バード」と教えられ、その言葉を口にしてみる。ようやく「バード」と言えるようになったバンビは、チョウチョを見つけても「バード」と呼んでしまう。

Q 033

『わんわん物語』で、野良犬(のら)のトランプが月曜日に行くのはどの家?

① トンプソン家
② オブライエン家
③ ブレディー家
④ シュルツ家

Q 034

『ダンボ』に登場するネズミのティモシーのフルネームはなに?

① ティモシー・O・マウス
② ティモシー・P・マウス
③ ティモシー・Q・マウス
④ ティモシー・R・マウス

A033 ④ シュルツ家

だれにも飼われず、決まった家を持たないトランプは、あちこちの家族を日替わりで訪ねている。月曜日は、彼をフリッツィと呼ぶシュルツ家。その理由は、月曜日にママが仔牛(こうし)のカツレツを作るから。火曜日はマイクという名前で呼ばれるオブライエン家で、コンビーフをもらう。トランプにとっては、それが最高の暮らしだという。

A034 ③ ティモシー・Q・マウス

サーカス団で、大きな耳をからかわれ、つらい思いをしていたダンボは、なんとその耳を使って空を飛ぶことに成功。一躍(いちやく)スターになり、新聞の一面に取り上げられ、ついにはハリウッドで仕事の契約まで結ぶことになる。その契約書に、マネージャーとしてサインをしたのがネズミのティモシーで、書面を見ると、Timothy Q. Mouseとフルネームが書いてある。

Q 035

**『白雪姫』で、白雪姫が作ったパイには、
だれの名前が書いてある？**

① バッシュフル
② スリーピー
③ ドーピー
④ グランピー

Q 036

**『眠れる森の美女』で、オーローラ姫が糸車の針で
指を刺したのは何歳の誕生日？**

① 15歳
② 16歳
③ 17歳
④ 18歳

A035 ④ グランピー

7人のこびとたちとダンスをして、楽しい一夜を過ごした白雪姫。翌朝、仕事に出かけるこびとたち一人一人に、キスをして見送った後、パイを作りはじめる。小鳥たちが粉をふったり、模様をつけたり、なにかと手伝ってくれるので、あっという間に形になっていく。仕上げにパイ生地でグランピーの名前をつけ、後は焼くだけとなったのだが、そこへ老婆に変身した女王が毒リンゴを持って登場。毒リンゴをかじった白雪姫はたおれてしまい、なんとパイを焼くことができなかったのだ……。

A036 ② 16歳

オーロラ姫が魔女マレフィセントの呪いにより糸車の針で指を刺したのは16歳の誕生日。マレフィセントがオーロラ姫に、“16歳の誕生日の日没までに､糸車の針で指を刺し､死ぬ”という恐ろしい呪いをかけた。針に刺されたオーロラ姫は眠りについてしまう。しかし、愛するフィリップ王子のキスで、めでたく目が覚める。

Q 037

**『ふしぎの国のアリス』で、アリスが
イモムシに出会ったときの身長は？**

① 約３cm
② 約７cm
③ 約11cm
④ 約14cm

Q 038

**『ファンタジア』の「魔法使いの弟子」に登場する、
ミッキーの師である魔法使いの名前は？**

① マーリン
② バルサザール
③ チェルナボーグ
④ イェンシッド

A037 ② 約7cm

アリスが迷い込んだのは、なにもかもがヘンテコな世界。なにかを飲んだり食べたりすると、背丈がのびたり縮んだり、変化してしまうのだ。そして小さくなったアリスが森で出会ったイモムシに、背が7cmでは小さすぎると訴える場面も登場している。英語のセリフでは、"3インチ" なので、7cm強ぐらいだろうか。

A038 ④ イェンシッド

『ファンタジア』はクラシック音楽とアニメーションを融合させた、映画史上に残る斬新な作品。そのなかの一編「魔法使いの弟子」に登場するのがイェンシッド。ミッキー扮する弟子が師と仰ぐ魔法使いで、登場シーンは少ないものの存在感がある。名前のイェンシッド (Yen Sid) は、ディズニー(Disney)のスペルを逆に綴ったもの。

Q 039

『101匹わんちゃん』で、ダルメシアンのポンゴがしている首輪の色は？

① 赤
② 緑
③ 青
④ 黄色

Q 040

『ジャングル・ブック』で、「君のようになりたい」を歌うのはだれ？

① バギーラ　② バルー　③ キング・ルーイ　④ シア・カーン

A039 ①赤

ダルメシアンのポンゴが着けているのは赤い首輪。ポンゴと結婚したパディータは青い首輪をしている。2匹の間に生まれた15匹の子犬たちもよく見るとオスは赤、メスは青の首輪をそれぞれ着けているようだ。

A040 ③キング・ルーイ

『ジャングル・ブック』の主人公は、ジャングルでオオカミに育てられた人間の子ども、モーグリ。クマのバルーと出会い意気投合していると、サルたちにさらわれ、キング・ルーイのもとへ連れていかれる。サルの王様、キング・ルーイはこれ以上偉くなれないのが悩み。モーグリを相手に「君のようになりたい」と歌って踊る。

Q 041

**『わんわん物語』で、初期のシナリオでは
ホーマーという名前がつけられていた
キャラクターはだれ？**

① ジョック
② トランプ
③ レディ
④ トラスティ

Q 042

**『眠れる森の美女』で、オーロラ姫が
森で育てられていたときの名前は？**

① ブルー・ローズ
② ブレイズ・ローズ
③ ブリリアント・ローズ
④ ブライア・ローズ

A041 ② トランプ

『わんわん物語』で、レディと恋に落ちる野良犬のトランプは、初期のシナリオではホーマーという名前だった。その後も、ラグズ、ボーゾーという名前がつけられて、最終的にトランプになった。英語でTrampと綴る彼の名は、カードゲームのトランプではなく、“放浪者”という意味。決まった家で飼われていない彼にはぴったりの名前だ。

A042 ④ ブライア・ローズ

魔女マレフィセントに呪いをかけられたオーロラ姫を守るため、フローラ、フォーナ、メリーウェザーの3人の妖精は、森の奥にある小屋で姫を育てることに。そのときの姫の呼び名がブライア・ローズだ。Briar(ブライア)にはイバラという意味がある。

Q043

『101匹わんちゃん』で、ダルメシアンの子犬たちを描くのに大活躍したのは？

① パソコン
② コピー・マシン
③ シュレッダー
④ プロジェクター

Q044

『白雪姫』に登場するこびとのなかで、『ファンタジア』にも登場する可能性があったのはだれ？

① ドック　② ハッピー　③ スリーピー　④ ドーピー

A043　②コピー・マシン

『101匹わんちゃん』では、アニメーションに初めてゼロックス・プロセスが用いられた。1937年に実用化され、1949年に商品化されたコピー・マシンを導入し、何匹かの子犬を描いた原画をコピーして、それぞれの動きを複製。また、アニメーターの原画を直接、セルに転写することで、インキングと呼ばれる手描きの作業を省くことができるようになった。

A044　④ドーピー

『ファンタジア』の一編「魔法使いの弟子」には幅広い層の観客に訴えかけるキャラクターをと考えた製作陣は、『白雪姫』のドーピーを提案。ウォルトは、親しみやすいキャラクターを、という案には同意したものの、ドーピーではなくミッキーマウスを配役した。魔法使いの弟子を演じるミッキーをよく見ると、衣装の袖や裾のフォルムがドーピーの服に似ている。

ディズニーアニメーション
1968年〜1999年

Disney Animation: 1968-1999

ウォルト・ディズニー没後の初作品『おしゃれキャット』、CG映像時代へと移行する90年代最後までの作品などの問題に挑戦！

Q 045

『リトル・マーメイド』で、人間になったアリエルが、アースラの出した条件をクリアするリミットは何日目の日没まで？

① 2日目
② 3日目
③ 5日目
④ 7日目

A045 ② 3日目

エリック王子に恋をしたアリエルは、海の魔女アースラと取り引きをし、その美しい声と引き換えに人間にしてもらう。でも、人間でいられるのは3日目の日没まで。それまでに王子と恋をして、真実の愛のキスをすれば永遠に人間でいられるが、かなわない場合は人魚に戻り、アースラのものになるという、不利な条件つきだ。しかし、どうしても王子のことが忘れられないアリエルは、契約書にサインしてしまう。トリトン王が心配するのも無理はない？

Q 046

**『くまのプーさん』で、
ピグレットが家にしている木はどれ？**

① クルミの木
② ブナの木
③ オークの木
④ ハシバミの木

Q 047

**『ビアンカの大冒険』で、
ネズミのビアンカとバーナードが
チャーターしたのはなに航空？**

① ハゲタカ航空
② コウノトリ航空
③ イヌワシ航空
④ アホウドリ航空

A046 ②ブナの木

ピグレットは、くまのプーさんと仲よしの、小さなブタのぬいぐるみ。『プーさんと大あらし』で、ピグレットが暮らしているブナの木の前で、落ち葉を掃(は)く場面が登場する。元はおじいちゃんの家で、ピグレットも大のお気に入りなのだ。そして、木の横にある立て札の文字を、おじいちゃんの名前だと勘違(かんちが)いしているのがほほえましい。

A047 ④アホウドリ航空

ネズミのビアンカとバーナードは、国際救助救援協会に所属するネズミ。悪人にさらわれたペニーという少女の救助要請に応えて捜索(そうさく)に向かう。その際にチャーターしたのが「アホウドリ航空」だ。オービルという名前の陽気なアホウドリが機長で、2匹はその背中に乗り、飛び立つのだった。

Q 048

**『ロビンフッド』で、
ナレーター役を務める
吟遊（ぎんゆう）詩人のオンドリの名前は？**

① アラナデール
② アリナデール
③ アレナデール
④ アロナデール

Q 049

**『おしゃれキャット』で、
ダッチェスたちが出会う
ジャズネコは何匹？**

① 4匹
② 5匹
③ 6匹
④ 7匹

A048 ① アラナデール

イギリスの伝説の英雄、ロビン・フッドの物語を、動物の国を舞台にして映画化した作品。義賊のリーダー、ロビン・フッドはキツネ、相棒のリトル・ジョンはクマが演じている。アラナデールは物語の進行役で、声をカントリー・シンガーのロジャー・ミラーが担当。彼は物語の始めに歌われる「オー・ディ・レイリー」など、いくつかの挿入歌も提供している。

A049 ② 5匹

お金持ちの家から連れ去られたダッチェスと子どもたちは、野良猫のオマリーに助けられて彼の家へとやってくる。そこにいたのは、ジャズネコたち。スキャット・キャットをはじめとした、5匹のジャズネコはそれぞれに、トランペット、ギター、ベース、アコーディオン、ピアノ＆ドラムを担当して、スウィングジャズを演奏する。

Q 050

**『美女と野獣』で、
原題が「Belle」（ベル）という歌の
日本語タイトルは？**

① 「朝の風景」
② 「強いぞ、ガストン」
③ 「愛の芽生え」
④ 「美女と野獣」

Q 051

**『ポカホンタス』で、
ポカホンタスが見たふしぎな夢は、
なにがくるくる回る夢だった？**

① 木の葉
② 矢
③ 川の水
④ 星

A050 ①「朝の風景」

「朝の風景」は、映画のオープニングでベルが街の書店へ行くシーンを飾る歌で、原題はヒロイン、ベルの名前と同じだ。歌は、ベルが街の風景や自分について語るほか、街の人々が「ベルは変わり者」と、うわさ話をする内容。作詞ハワード・アシュマン、作曲アラン・メンケンという名コンビが手がけ、アカデミー賞作曲賞、歌曲賞を受賞した。

A051 ②矢

アメリカの歴史的な逸話をもとにした作品で、ヒロインは先住民族の首長の娘であるポカホンタス。ある日、結婚相手について古い柳の木の精霊に相談したポカホンタスは、最近よく見る夢のことも話す。その夢は、森を走っていると、突然現れた矢がくるくる回りだして止まる、というもの。これから彼女を待ち受けている、ドラマチックな運命を暗示するような場面だ。

Q052

**『リトル・マーメイド』で、
アリエルの姉たちの名前でないのはどれ？**

① アリスタ
② アラーナ
③ アデーラ
④ アローナ

Q053

**『アラジン』で、
大臣ジャファーが持っている
杖（つえ）のヘッドの形はなに？**

① ドラゴン
② クジャク
③ スカラベ
④ ヘビ

A 052 ④ アローナ

アリエルは7人姉妹の末娘。アクァータ、アンドリーナ、アリスタ、アティーナ、アデーラ、アラーナ、そして7番目がアリエルだ。父親であるトリトン王が、名前をつけてくれたそうだが、全員がアで始まる似(に)たような名前で、人間の私たちには、ちょっと覚えにくいかも？

A 053 ④ ヘビ

ジャファーはアグラバー王国の大臣。王国を乗っ取ろうと、密(ひそ)かに企(たくら)んでいる。ヘッドがヘビの頭の形をした杖を愛用し、その杖で催眠術をかけることもできるらしい。ランプの魔人ジーニーに魔法使いにしてもらったジャファーが、アラジンに「臆病(おくびょう)なヘビめ」とののしられ、わざとヘビに変身する場面もある。ヘビはジャファーの性格を象徴するものなのかも。

Q 054

**『ビアンカの大冒険
～ゴールデン・イーグルを救え！』の舞台はどこ？**

① スイス
② オーストラリア
③ フランス
④ イギリス

Q 055

**『くまのプーさん』に
登場するティガーの、
正しい綴り（つづり）はどれ？**

① Tigga
② Tiger
③ Tigger
④ Tigur

A054 ② オーストラリア

1977年に公開された『ビアンカの大冒険』の続編で、舞台を前作のニューヨークから、オーストラリアへと移し、ネズミのコンビが再び活躍する。絶滅寸前のゴールデン・イーグルを助けようとした少年コーディが密猟者に誘拐されたため、ビアンカとバーナードが救助に向かうことに。ストーリーとともに、オーストラリアの美しい自然や動物たちにも注目したい作品だ。

A055 ③ Tigger

ティガーはいつも飛び跳ねている、元気なトラのぬいぐるみ。『プーさんと大あらし』で初登場したとき、プーさんの家に押しかけ、いきなりプーさんのお腹の上に飛び乗るのだ。ティガーは自己紹介をするとき、「俺はティガー。TIGGER」と、綴りもプーさんに教えている。この名前はトラという意味のtigerからつけたものであろう。

Q056

**『ライオン・キング』で、
シンバの父、ムファサが治めている
王国の名前は？**

① プライドヒル
② プライドキングダム
③ プライドランド
④ プライドサークル

Q057

**『ヘラクレス』に登場する、
ペインとパニックの能力はなに？**

① 自分の姿を変えられる
② 雷を落とせる
③ 人の心を操れる
④ 姿を消せる

A056 ③ プライドランド

『ライオン・キング』は、雄大なアフリカの大地を舞台にした作品。幼いライオンのシンバは、偉大(いだい)な王である父ムファサが統治する、豊かで美しいプライドランドで暮らしている。ある日、王の座を狙う叔父のスカーの計略にかかり、プライドランドから逃げ出すが、さまざまな体験をして成長したシンバは、スカーと対決するため故郷へ戻る。

A057 ① 自分の姿を変えられる

ペインとパニックは、冥界(めいかい)の王ハデスの手下。自由に自分の姿を変えられる能力を持っているが、ドジで頼りにならない。死者の国での仕事がいやになり、オリンポスを乗っ取ろうと企んだハデスは、その計画の邪魔(じゃま)になるヘラクレスを始末するよう、ペインとパニックに命じる。しかし2人は任務に失敗し、ハデスの怒りを買うことになる。

Q 058

『ノートルダムの鐘』に登場するエスメラルダは、なにをして生計を立てている？

① 踊り子
② 占い師
③ 歌手
④ お針子

Q 059

『ムーラン』で、ヒロインのムーランの家名はなに？

① シャオ家
② イー家
③ ファ家
④ シュウ家

A058 ① 踊り子

エスメラルダは、自由を愛するジプシー（ロマ族）の踊り子だ。美しく情熱的で、フロロー判事の弾圧にも屈することなく、勇気を持って行動する。そんな彼女といつも一緒にいるのが、ジャリという名前の賢いヤギ。いたずら好きだが、忠誠心があつく、なにかとエスメラルダを助けてくれるのだ。街角で踊るときのよき相棒でもある。

A059 ③ ファ家

はるか昔の中国を舞台にした『ムーラン』。ヒロインのムーランは、由緒あるファ家の一人娘だ。可憐で清楚な美しさのある少女だが、内面には古い伝統にとらわれない自由な心と、運命を切り開く勇気を持っている。名門ファ家の娘として、結婚を決めるための仲人との面接にのぞむが、自由奔放なムーランは仲人を怒らせてしまう。

Q 060

『ノートルダムの鐘』に登場する護衛隊長、フィーバスの名前の意味は？

① 太陽の神
② 月の神
③ 火の神
④ 戦いの神

Q 061

『ヘラクレス』で、ヘラクレスと出会う前にピロクテテスが最後に育てたヒーローはだれ？

① プロメテウス
② オデッセウス
③ ペルセウス
④ アキレス

A060 ① 太陽の神

ノートルダム寺院にいるエスメラルダのもとへやってきたフィーバスは、自己紹介をして、名前の意味は“太陽の神”だと告げる。ギリシャ神話に登場する太陽の神、ポイボスを英語にするとフィーバスとなる。ちなみに、フランス語で書かれた原作小説では、フェビュスという名前になっている。

A061 ④ アキレス

アキレスは、ギリシャ神話に登場する英雄。ピロクテテスによると、体もいいし、足も速く、最高の素質を持っていたが、唯一弱いかかとを攻められて倒れてしまった。ちなみに、オデッセウス、ペルセウスも、ギリシャ神話の英雄で、ピロクテテスが鍛えたヒーロー志願者たちだった。小柄な体でよくしゃべる、いかにもおじさんキャラのピロクテテスだが、ヒーローを育てることに関しては、すごい才能の持ち主らしい。

Q 062

**『ライオン・キング』で、
シンバに虫を食べるようすすめたティモンは、
幼虫をどんな味だと例(たと)えた？**

① チキン
② ポーク
③ フィッシュ
④ シュリンプ

Q 063

**『リトル・マーメイド』で、
アリエルの見つけたパイプを
スカットルはなにと教えた？**

① 植木鉢
② 楽器
③ 水差し
④ ドアノブ

A062 ① チキン

シマウマやカバを食べたいシンバに、ティモンは自分たちと同じものを食べるようにと虫をすすめる。気持ち悪がるシンバの前で幼虫をぺろりと食べたティモンは、チキンの味がすると言う。そんなティモンやプンバァに説（と）き伏（ふ）せられて、恐る恐る虫を食べてみるシンバ。その感想は「のどごしさわやか」で、どうやら気に入ったようだ。

A063 ② 楽器

アリエルが沈没船（ちんぼつせん）で見つけたパイプを持っていくと、スカットルは、太古から伝わる“チビホーン”という楽器だと教える。試しに吹いてみると音は出ず、飛びだしてきたのは海草。そこで、スカットルはパイプはやめて植木鉢にしようかと、簡単に考えを変えてしまう。

Q 064

**『アラジン』のラストシーンに続く
エンドタイトルで、「ホール・ニュー・ワールド」を
歌うのはピーボ・ブライソンとだれ？**

① セリーヌ・ディオン
② ペイジ・オハラ
③ レジーナ・ベル
④ リンダ・ラーキン

Q 065

**『ロビンフッド』で、弓術大会（きゅうじゅつたいかい）のときに
ロビン・フッドを探すため、サー・ヒスが使った物は？**

① 地図
② 風船
③ ハト
④ おたずね者のポスター

A064 ③ レジーナ・ベル

1991年の『美女と野獣』で「美女と野獣」、1992年の『アラジン』で「ホール・ニュー・ワールド」を歌ったピーボ・ブライソンは、続く2本のディズニー長編アニメーションでテーマソングに起用された、まれなアーティスト。どちらの曲もデュエットソングで、「美女と野獣」をピーボ・ブライソンと一緒に歌っているのは、①のセリーヌ・ディオン。

A065 ② 風船

プリンス・ジョンから、弓術大会に忍び込んだロビン・フッドを探すよう命令された部下のサー・ヒス。彼はふくらませた風船の中に頭を入れ、しっぽをプロペラのように回して宙に浮かび上がると、会場を飛び回る。そして、ロビン・フッドを見つけ出すものの、よろこんでいられない結果になってしまう。

Q 066

『美女と野獣』で、ガストンは毎日何ダースの卵を食べている？

① 1ダース
② 3ダース
③ 5ダース
④ 7ダース

Q 067

『おしゃれキャット』に登場するオマリーのフルネームのなかに入っていない名前はどれ？

① トーマス
② ジェシー
③ エイブラハム
④ ジオセッペ

A066 ③ 5ダース

ガストンは、子どもの頃は毎日4ダース食べていたという卵を、今では5ダース＝60個も食べている。おかげで筋肉隆々だという肉体派で、ほかにも、ツバを飛ばせばいちばん、射撃も得意など、自慢はつきない。しかし、絵のない本を読むことは苦手らしい。

A067 ② ジェシー

ダッチェスが出会う野良猫のオマリーのフルネームは、エイブラハム・ドレイシー・ジオセッペ・ケイシー・トーマス・オマリー。軽快なリズムの「トーマス・オマリー・キャット」を歌いながら登場し、そのなかで何度もフルネームを口ずさんでいる。それを聞いてダッチェスは、「ヨーロッパの各国の名前をお持ちなのね」と話しかける。

※フルネームは、映画の字幕による。

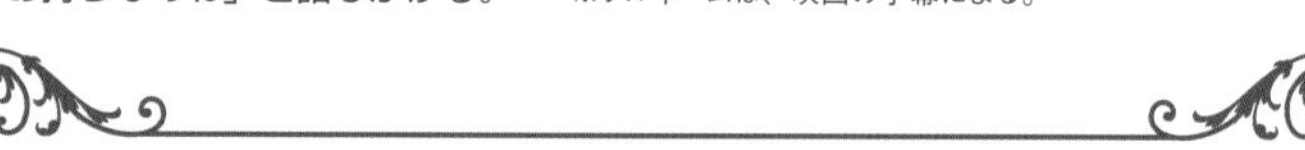

Q 068

**『ビアンカの大冒険』で、
メデューサが探している
ダイヤモンドの名前はなに？**

① 悪魔の目
② 天使の目
③ 神の目
④ 魔女の目

Q 069

**『ムーラン』で、ムーランが入った部隊の
シャン隊長の父親はどれ？**

①

②

③

④

A068 ①悪魔の目

質屋の女主人メデューサが探しているのは、世界一大きなダイヤモンド"悪魔の目"。洞窟(どうくつ)の奥深くにあるそのダイヤモンドを手に入れるため、穴に入れる小さな子どもが必要になったメデューサは、みなしごのペニーを利用する。そんなペニーを助けにいくのが、ネズミのビアンカとバーナード。

A069 ④

シャン隊長の父親は、上司にあたる将軍。若い息子を見込んで、部隊の隊長に指名する。①は、そんなシャン隊長のことを親の七光りと思っている、皇帝の側近のチ・フー。②は、中国を治める皇帝。③は、ムーランの父親のファ・ズー。

Q 070

『ライオン・キング』のオープニング曲「サークル・オブ・ライフ」の冒頭で聞こえる言葉は何語？

① アラビア語
② スワヒリ語
③ ズールー語
④ 英語

Q 071

『美女と野獣』は、エンドクレジットである人物への言葉が捧げられている。それはだれ？

① ボーモン夫人
② ハワード・アシュマン
③ ペルセウス
④ ウォルト・ディズニー

A070 ③ズールー語

『ライオン・キング』では、音楽にアフリカらしいテイストを加えるために、南アフリカ出身のアーティスト、レボ・Mが起用された。「サークル・オブ・ライフ」の最初の部分では、南アフリカの公用語の一つであるズールー語で彼が歌っている。ちなみに、冒頭の歌詞の意味は「ライオンがやってきた」。

A071 ②ハワード・アシュマン

『美女と野獣』で作詞作曲を手掛けたのは、ハワード・アシュマンとアラン・メンケンの名コンビ。『リトル・マーメイド』に続きこの作品も大ヒットを記録したが、アシュマンは映画の公開を待たずに他界。エンドクレジットには、「人魚には声を、野獣には魂を与えた私たちの友、ハワードへ。永遠に感謝します」と綴られている。

Q 072

『アラジン』で、アラジンが魔法のじゅうたんに出会った洞窟の入り口の形はなに？

① ゾウ
② トラ
③ ヒョウ
④ ライオン

Q 073

『ライオン・キング』で、ワンフレーズだけ歌われているディズニー・ソングはどれ？

① 「小さな世界」
② 「星に願いを」
③ 「ミッキーマウス・マーチ」
④ 「ビビディ・バビディ・ブー」

A072 ② トラ

砂漠にある、なにやら恐ろしげな魔法の洞窟の入り口は、目と口が不気味に光り、トラの頭のような形（タイガーズ・ヘッド）をしている。そして、中に入れるのはダイヤの原石のような、清い心の持ち主だけ。魔法のランプを持ち帰るため、洞窟に入ったアラジンは、そこで魔法のじゅうたんと出会い、友だちになる。

A073 ①「小さな世界」

シンバの父ムファサに代わり、王座についたスカー。王国の執事ザズーを動物の骨で作った檻のようなものに閉じこめて、明るい歌を歌えと命令する。そこでザズーは、ディズニーパークのアトラクション「イッツ・ア・スモールワールド」の曲としておなじみの、「小さな世界」を歌うのだ。残念ながら歌はスカーのお気に召さず、ザズーは少ししか歌えない。

Q 074

**『ビアンカの大冒険』のビアンカは
どこの国のネズミ？**

① アメリカ
② トルコ
③ アルゼンチン
④ ハンガリー

Q 075

**『ヘラクレス』で、パニックが持っていた
ヘラクレスグッズはなに？**

① フィギュア
② ドリンク
③ サンダル
④ Tシャツ

A074 ④ハンガリー

　ニューヨークの国際連合の地下にある、ネズミたちの国連、国際救助救援協会（通称RAS）に、世界の国々を代表するネズミが集まってくる。ビアンカは、この協会に属するハンガリー代表の白ネズミ。協会に届いた助けを求める声に応えて、ニューヨークのネズミ、バーナードとともに、ビアンカは救助に向かう。

A075 ②ドリンク

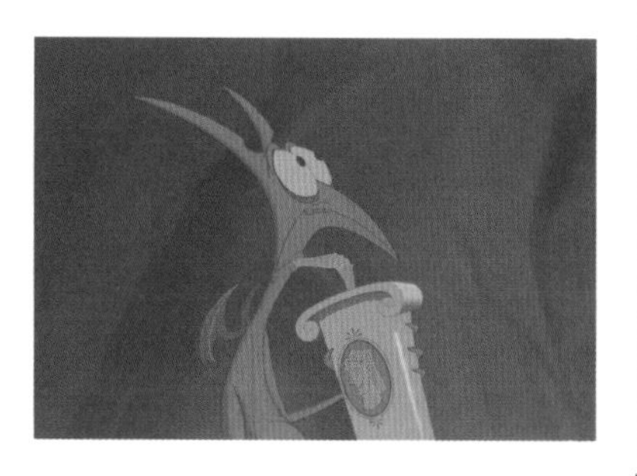

　巨大な怪物ヒドラを倒したヘラクレスは、一躍、人々のヒーローになる。どこへ行ってもすごい人気で、ヘラクレス・ストアがオープンし、キャラクターグッズが売り出されることに。苦々しく思うハデスをよそに、手下のペインはエア・ハーク(サンダル）を履き、パニックはヘラクレスのドリンクを飲み、逆鱗に触れる。

Question

Q 076

『ライオン・キング』のキャラクターで、スワヒリ語で"友だち"という意味の名前がついているのは？

① シンバ　② ティモン　③ プンバァ　④ ラフィキ

Q 077

『ノートルダムの鐘』に登場するガーゴイルの名前ではないのはどれ？

① ヴィクトル

② ファンティーヌ

③ ユーゴ

④ ラヴァーン

A076 ④ラフィキ

プライドランドの長老、ヒヒのラフィキの名前は、アフリカで広く使われる言語のスワヒリ語で"友だち"という意味。『ライオン・キング』には、ほかにもスワヒリ語が使われていて、シンバは"ライオン"を指し、プンバァは"うっかりした""まぬけな"といった意味がある。また、ティモンとプンバァが歌う「ハクナ・マタタ」も、"問題ない"というスワヒリ語。

A077 ②ファンティーヌ

ガーゴイルは建物の雨どいとして使われる彫刻や石像のことで、魔除けの意味も持つという。もちろん普通は動かないが『ノートルダムの鐘』では、主人公、カジモドの友だちとして登場する3人のガーゴイルが、彼の前では動いたり、しゃべったり。名前は、答えの画像左からユーゴ、ラヴァーン、ヴィクトル。ちなみに『ノートルダムの鐘』の原作者は、ヴィクトル・ユーゴー。

Q 078

『アラジン』で、
アリ王子が53も持っている動物は？

① ラクダ
② クジャク
③ ゾウ
④ サル

Q 079

『リトル・マーメイド』の
アースラの足は何本？

① 6本
② 7本
③ 8本
④ 9本

A078 ②クジャク

ジーニーの魔法でアリ王子になったアラジンは、派手なパレードで、ジャスミンの住む宮殿へとやってくる。王子の力や富を自慢して「アリ王子のお通り」を歌うジーニーによると、紫色のクジャクが53羽もいて、さらに珍しい白いサルが95匹、金のラクダ（これはラクダの像）は75も。ほかにも、ゾウ、ライオン、クマなど、動物園なみに持っている。

A079 ①6本

美しい声と引き換えにアリエルを人間の姿にする、海の魔女、アースラ。同じ人魚でも、アリエルのようにサカナではなくタコの体を持っている。タコといえば触手の数は８本だが、アースラの触手（足）は、よく数えてみると６本。しかし、ほかに２本の腕を持っているので、合わせて８本ということなのかもしれない。

ディズニーアニメーション
2000年〜2009年

Disney Animation: 2000~2009

2000年を迎え、CGを使ったアニメーション作品が主流に。クイズとともに、美しい場面写真も楽しんで！

Q 080

『プリンセスと魔法のキス』で、ホタルのレイは、ホタルと勘違いしてなにに恋をしている？

① 月
② 信号
③ 星
④ ネオンサイン

A080 ③星

カエルになったティアナとナヴィーン王子は、沼地でレイというホタルと出会う。フルネームはレイモンドだが、みんなにレイと呼ばれているらしい。そして、道に迷ったティアナたちを親戚のホタルたちとともに助けてくれる。そんなレイはこの世でいちばん美しく輝くホタル“エヴァンジェリーン”に恋をしているが、エヴァンジェリーンの正体は夜空に光る星。そのことに気づいていないレイは、いつか彼女と一緒になると信じている。

Q 081

**『チキン・リトル』のオープニングで、
一瞬だけ登場するディズニー映画はなに？**

① 『リトル・マーメイド』
② 『美女と野獣』
③ 『アラジン』
④ 『ライオン・キング』

**『ラマになった王様』で、
王様のクスコは、なにを作る場所を決めるため、
農夫パチャを城へ呼んだ？**

① 日焼けサロン
② プール
③ カジノ
④ クスコ記念館

A081 ④『ライオン・キング』

主人公チキン・リトルの父親、バック・クラックがナレーションを務める、オープニングに注目。ディズニー映画の“お約束”ともいえる、「昔々……」で始まるパターンをボツにしたあと、「映画の始まりといえばこれ！」と言い、『ライオン・キング』のオープニングシーンが登場するのだが、これもまたNGになる。結局どうなったのかは、作品を見てチェック！

A082 ②プール

ある日、イジワルなクスコ王は、心優しい村人のパチャを城に呼び出す。そしてプールを作る場所を決める前に、意見を聞きたかっただけと言い、パチャの村にウォータースライダーつきの別荘（クスコリゾート）を建設するから、立ち退くように命令する。パチャはその身勝手な計画をあきらめさせせようとするが、聞き入れてもらえない。

Q 083

『ラマになった王様』のオープニングは、
次のだれのナレーションで始まる？

①

②

③

④

Q 084

『トレジャー・プラネット』に登場する、
このキャラクターの名前は？

① マーク
② モール
③ マーフ
④ モーフ

A083 ③

③は、この映画の主人公、クスコ。雨に濡れたラマが映し出されるオープニングで、「……これは彼の物語、というより僕の物語」とクスコは話しだし、善良な自分がなぜラマに変えられてしまったか嘆く。ちなみに、①はクスコをラマに変えたイズマ、②はクスコのテーマソングを歌うシンガー、④はクスコを助ける農夫のパチャ。

A084 ④ モーフ

冒険小説の名作「宝島」を原作にした作品。主人公のジム・ホーキンスは、宝探しのため乗り込んだ船で、コックとして雇われているジョン・シルバーに出会う。モーフは自由に姿を変えられる、いたずら好きな液体宇宙生物で、シルバーのペットだがジムになつく。いろいろな姿に変身して、いたずらをしかけてくるのがかわいい！

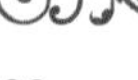

Q085

『アトランティス／失われた帝国』で、マイロが働いているのはどこ？

① 図書館
② 博物館
③ 美術館
④ 映画館

Q086

『ルイスと未来泥棒』で、スティーブン・アンダーソン監督が声を担当している人数は？

① 2人
② 3人
③ 5人
④ 7人

A085 ②博物館

博物館で働くマイロ・サッチは言語学者で地図製作者でもある。探険家だった亡き祖父の遺志を継ぎ、消えたアトランティス大陸を発見することが、マイロの夢。博物館に勤めながら、頭の中はアトランティスのことでいっぱいで、収蔵品たちを相手にアトランティスについて熱く語ることも。そんなマイロの前に祖父の友人が現れ、アトランティス探険隊に加わるように誘う。

A086 ②3人

『ルイスと未来泥棒』は、未来の世界を舞台に、発明好きの天才少年ルイスの冒険を描いた物語。監督は、この作品で長編映画監督デビューを飾ったスティーブン・アンダーソンだ。アンダーソン監督は、劇中に登場する謎の山高帽の男（写真下）をはじめ、バドおじいちゃん、タルーラの声を担当し、声優としても大活躍する作品となった。

Q 087

『リロ&スティッチ』の冒頭で、
スティッチがいた惑星の名前はなに？

① モントレッサ星
② ウータパウ星
③ コルサント星
④ トゥーロ星

Q 088

『アトランティス／失われた帝国』に
登場するこのキャラクターは、
なにのプロフェッショナル？

① 爆破(ばくは)のプロ
② 採掘(さいくつ)のプロ
③ メカニックのプロ
④ 通信のプロ

A087 ④ トゥーロ星

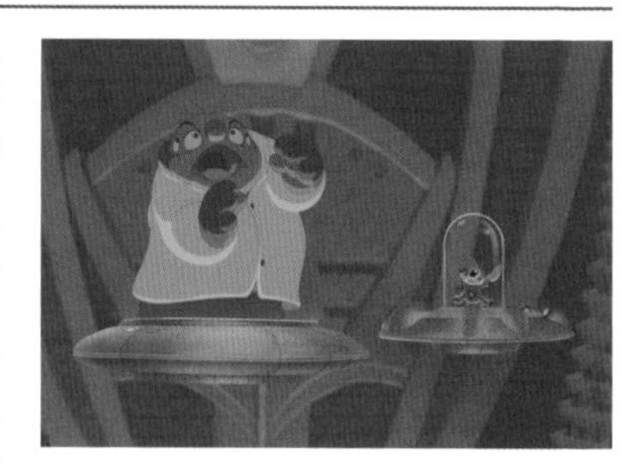

スティッチがいたのは、地球から遠く離れたトゥーロ星。高度な文明が発達した惑星で、銀河連邦本部が宇宙の平和を守る役割を担っているようだ。スティッチは、この星の自称“悪の天才科学者”ジャンバ・ジュキーバ博士が違法な遺伝子実験で生み出したエイリアンで試作品626号と呼ばれている。ジャンバ博士は違法な遺伝子実験を行った疑いで告発されており、スティッチはドームの中に閉じ込められているのだ。

A088 ② 採掘のプロ

消えたアトランティス大陸を発見するため、主人公マイロが加わる探険隊のメンバー、モールは、採掘のプロ。パリ出身の地質学者で、とにかく穴を掘ることが大好き。フルネームはガエトン・モリエール。ちなみに通称のモールには、英語でモグラという意味がある。

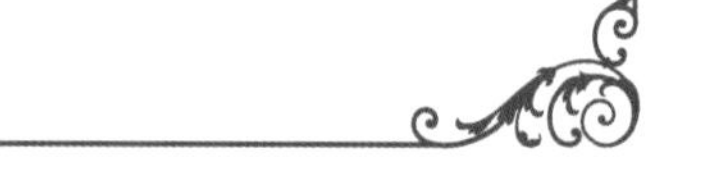

Question

Q 089

**次のディズニーキャラクターのなかで、
『ファンタジア』のリメイク版にあたる
『ファンタジア／2000』で新たに登場したのはだれ？**

① ミニーマウス
② グーフィー
③ ドナルドダック
④ プルート

Q 090

**『ブラザー・ベア』で、
クマに姿を変えられたキナイが、子グマのコーダに
連れていってほしいと頼まれた場所は？**

① フィッシュ・ラン
② サーモン・ラン
③ サーモン・リバー
④ ベアーズ・マウンテン

A089 ③ ドナルドダック

『ファンタジア／2000』に新しく参加したのは、ドナルドダック。彼が出演しているのは、エドワード・エルガー作曲の「威風堂々」だ。ドナルドは、動物のカップルをノアの箱舟まで誘導する、ノアの助手役を演じている。また、デイジーダックもドナルドの旅のパートナーとして、『ファンタジア』シリーズにデビューを果たした。

A090 ② サーモン・ラン

大自然の怒りに触れ、クマに変えられてしまったキナイ。深い森の中で、罠にかかってしまって困っているとき、コーダという子グマに出会う。コーダは、はぐれてしまった母親と会うため、サーモン・ラン（サケの川）と呼ばれる川辺を目指していた。罠から助けてもらうかわりに、キナイはコーダと一緒に旅をすることになる。

Q 091

『チキン・リトル』のこのシーンで、エイリアンのメルビンがつけている腕時計の文字盤に描かれているイラストはだれがモチーフ？

① ミッキーマウス
② ドナルドダック
③ グーフィー
④ プルート

Q 092

『リロ&スティッチ』には、あるディズニーキャラクターのぬいぐるみらしきものが登場するが、それはだれ？

① ダンボ
② バンビ
③ シンバ
④ プルート

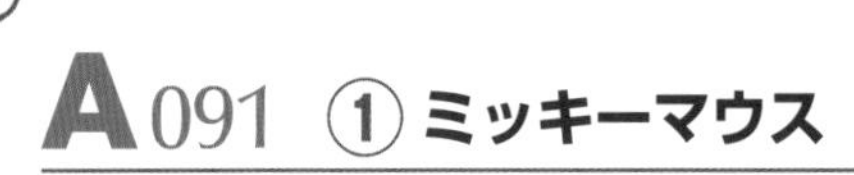

A091　①ミッキーマウス

物語の終盤、エイリアンの子どもカービーの父親であるメルビンがつけている腕時計に注目。腕時計を見て「おっと、こんな時間だ。そろそろ行かないと」と告げるメルビン。腕時計の文字盤には、なんと三つ目のミッキーらしきイラストが！　エイリアンの世界でも、ミッキーは人気者なのかも？

A092　①ダンボ

リロの部屋の窓際に、絵を描くときにカンバスを載せる、イーゼルのようなものがある。そこに置かれているゾウのぬいぐるみは、ダンボにそっくり！　これは、リロのお気に入りのぬいぐるみなのだろうか。スティッチもダンボのように耳が大きいので、リロは大きな耳の動物が好きなのかも？

Q 093

『プリンセスと魔法のキス』で、ティアナの父親が開きたいと願うレストランにつけた名前は？

① TIANA'S PLACE（テイアナズ プレイス）
② TIANA'S KITCHEN（キッチン）
③ TIANA'S CAFE（カフェ）
④ TIANA'S DINING（ダイニング）

Q 094

『ブラザー・ベア』で、キナイがもらったトーテムは“愛”を示すクマ。では、兄のシトゥカが持っているトーテムはなにを示す？

① 力
② 導(みちび)き
③ 偉大
④ 勇敢(ゆうかん)

A093 ① TIANA'S PLACE

子どものころから料理をするのが好きだったティアナ。そんな娘に自分のレストランを開く夢を語りながら、ティアナの父親は店の名前を“TIANA'S PLACE(ティアナのレストラン)”と決めた。成長したティアナは、亡くなった父親の思いを継いでレストランを開こうと懸命(けんめい)になるが……。やがて、夢が叶ってオープンしたレストランの名前は、なんと“TIANA'S PALACE(ティアナのお城)”になっている。短いシーンなのでお見逃しなく。

A094 ② 導き

3人兄弟の長男、シトゥカが持っているのは、“導き”を示すワシのトーテム。キナイは自分のトーテムがなぜ“愛”を示すクマなのか納得がいかない。シトゥカは、自分もワシのトーテムをもらったときは理由がわからなかったが、今ではリーダーとなり弟を監視することだとわかったとキナイをさとす。

Q 095

ハワイを舞台にした作品『リロ&スティッチ』は、もともとはほかの地域が舞台に設定されていた。それはどこ？

① オハイオ
② カンザス
③ モンタナ
④ ミシシッピ

Q 096

『ボルト』でミトンズがボルトに教える“普通のイヌの最高の楽しみ”とはなに？

① ほかのイヌと追いかけっこすること
② 投げた棒を取りに行くこと
③ 拾ったものを食べること
④ 車の窓から顔を出すこと

A095 ② カンザス

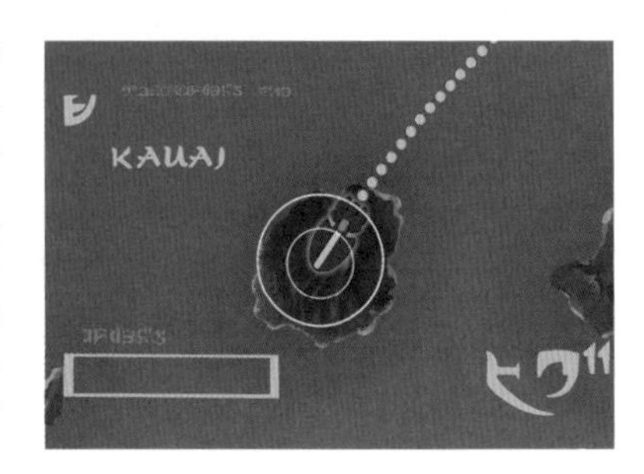

最初はアメリカ本土にあるカンザス州の小さな町が、『リロ&スティッチ』の舞台に設定されていた。ところが、監督のクリス・サンダースがハワイに魅せられて、舞台はハワイのカウアイ島に変更。アメリカ中西部の海に面していないカンザスだったら、物語も登場キャラクターも、ガラッと違っていたはず。

A096 ④ 車の窓から顔を出すこと

自分がスーパードッグだと思っていたボルトは、じつは普通のイヌだったと気づいて戸惑うばかり。そんなボルトにネコのミトンズは、普通のイヌがやることをいろいろ教える。そして“普通の犬の最高の楽しみ”と教えたのが、走る車の窓から顔を出し、さらに舌を出すこと。ボルトは、この初めての体験をメチャクチャ気に入る。

ディズニーアニメーション
2010年〜

Disney Animation: 2010~

2010年は、ディズニー長編アニメーション第50作記念作品として『塔の上のラプンツェル』が公開された節目の年。常に進化し続ける、新時代の作品のクイズに挑戦！

Q 097

『塔の上のラプンツェル』で、ラプンツェルの髪の長さは何メートル？

① 14メートル
② 21メートル
③ 28メートル
④ 35メートル

A097 ② 21メートル

金色に輝く魔法の髪を持つラプンツェルが暮らしているのは、森の奥深くにある高い塔。塔の高くにある部屋には、ラプンツェルの長い髪につかまって窓から出入りする。監督のバイロン・ハワードによると、実は、この窓が地上から約21メートルの高さにあったことから、ラプンツェルの髪の長さは21メートルに設定された。彼女がかろうじて地面に下りられる長さという訳。ほかにも、逃げ込んできたフリンをイスに縛りつけるなど、ラプンツェルは長い髪を便利に活用する。

Q 098

**『アナと雪の女王』で、
ハンス王子には兄が何人いる?**

① 5人
② 8人
③ 12人
④ 16人

Q 099

**『くまのプーさん』(2011)で、
「新しいシッポを見つけるコンテスト」の
優勝賞品はなに?**

① 爆竹（ばくちく）
② アザミの花
③ ハチミツひとツボ
④ 剪定（せんてい）バサミ

A098 ③ 12人

ハンス王子は南の国からやってきた王子。エルサの戴冠式の日にアナと出会い意気投合し、婚約する。礼儀正しいのだが、ほんとうはなにを考えているのか、わからないところがある。兄が12人いて、自分を無視している兄もいると話すハンス王子に、アナはエルサとの関係を重ね合わせ、自分をわかってくれる人に逢えたと思い込むが……？

A099 ③ ハチミツひとツボ

シッポをなくしたロバのイーヨーのために、新しいシッポを見つけるコンテストを開くことに。プーさんたちは、優勝賞品をなににするか話し合うが、爆竹やアザミの花など、みんな自分が欲しいものばかり提案する。最終的に、プーさんが希望した「ハチミツひとツボ」に決まり、プーさんは優勝しようとはりきるのだった。

Q100

『シュガー・ラッシュ』で、ゲーム「フィックス・イット・フェリックス」の主人公、フェリックスが愛用しているアイテムはなに？

① 魔法のレンチ
② 魔法のノコギリ
③ 魔法のハンマー
④ 魔法のドリル

Q101

『ベイマックス』で、ヒロの家の階段の壁に飾られた写真のモチは、どんな扮装をしている？

① スティッチ
② オラフ
③ マイク・ワゾウスキ
④ ミッキーマウス

A100 ③ 魔法のハンマー

フェリックスはなんでも直す修理工。ゲーム「フィックス・イット・フェリックス」のヒーローだ。父親からもらった魔法のハンマーで、悪役のラルフがビルを壊すたびに修復している。魔法のハンマーなので、ビルを修復するだけでなく、ケガなども治せるらしく、カルホーン軍曹(ぐんそう)に殴(なぐ)られたときに、このハンマーを使って治療するシーンがある。実に便利なアイテムだ！

A101 ① スティッチ

ヒロの家の階段の壁には、家族やご先祖様と思しき写真、アートや書などがたくさん飾られていて、まるでギャラリーのよう。そのなかの一枚にペットのネコ、モチの写真が。なにやら青いものを被っていて、よく見るとスティッチの顔！　その口の部分からモチの顔が覗いている。キャスおばさんと会話するヒロの背景に注目してみよう。

Q 102

**『くまのプーさん』（2011）で、
穴に落ちたプーさんたち。
なにをハシゴのかわりにして脱出した？**

① 花
② クリストファー・ロビンのなわとび
③ ハチミツのツボ
④ アルファベットの文字

Q 103

**『ズートピア』に登場する
キャラクターのどこに
隠（かく）れミッキーがある？**

① ジュディの後頭部
② クロウハウザーの頬
③ フラッシュの鼻
④ ニックの肉球

A102 ④ アルファベットの文字

34年ぶりに、ウォルト・ディズニー生誕110周年記念作品として登場した『くまのプーさん』。プーさんたちが落とし穴に落ちる場面では、本のアルファベット文字が散らばり、穴の中に降ってくる。その文字をハシゴにして、みんなは外へ出る。文字が映画に取り込まれるのは、旧作へのリスペクトで、美術監督ポール・フェリックスがやりたかったことのひとつだそうだ。

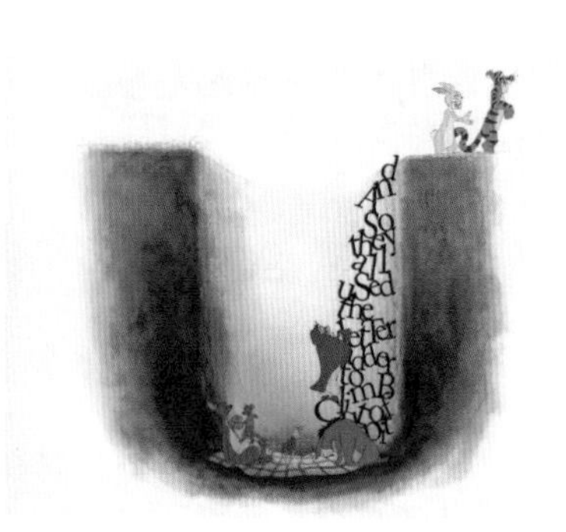

A103 ② クロウハウザーの頬

田舎町で育ったジュディは、憧れの大都会でウサギとしてズートピア初の警察官になる。彼女が働くことになるズートピア警察署で受付を担当しているのが、チーターのクロウハウザー。ドーナツが大好きで、仕事中もよく口をモグモグさせている。その右頬をよく見ると、チーター特有の斑点のなかにミッキーの形をしたものが。

Q 104

**『塔の上のラプンツェル』のランタンが
空に舞い上がるシーンで、最多でいくつのランタンが
一度に画面に登場する？**

① 460個
② 4600個
③ ４万6000個
④ 46万個

**『アナと雪の女王』で、オラフは夏がきたら
「ドリンク片手に　浜辺でくつろいで」
そのあとなにをすると歌っていた？**

① 日焼け
② 花火
③ ダンス
④ バーベキュー

A104 ③ 4万6000個

映画のスタッフは、タイやインドネシアで行われるランタンの儀式をヒントに、このランタンが舞い上がるシーンを製作した。14個のランタンを１組としていくつものグループを作り、それぞれを違った色や形に仕上げたという。そして、クライマックスのシーンでは、なんと最多で４万6000個ものランタンを登場させている。

A105 ① 日焼け

オラフは夏に憧れている雪だるま。すごくステキだとうわさに聞いていて、夏がくるのはどんな感じなのか、想像するのが好きらしい。目を輝かせて真夏の砂浜やヨット、カモメと遊ぶ姿を思い浮かべ、ゴージャスに日焼けしたいと歌う、楽しい場面だ。そんなオラフに突っ込みを入れようとするクリストフを、アナが止めるのもほほえましい。

Q 106

『シュガー・ラッシュ』で、悪役の会からの帰り道、ゲーム・セントラル・ステーションまでラルフが乗るのはなに？

① ソウルトレイン
② フェリックスレイルウェイ
③ ララクロフトラム
④ パックマノレール

Q 107

『モアナと伝説の海』で、マウイが「俺のおかげさ」を歌うシーンに登場するのはどのキャラクター？

① アリエル
② セバスチャン
③ フランダー
④ トリトン王

A106 ④ パックマノレール

ラルフが参加する悪役の会は、「パックマン」のゲーム機の中で開かれる。ラルフが住むゲーム「フィックス・イット・フェリックス」に帰るには、パックマン・ステーションからパックマノレールに乗って、ゲーム・セントラル・ステーションで乗り換えが必要。ゲーム・セントラル・ステーションには、ゲーム間を移動する、さまざまなゲームのキャラクターが行き来している。

A107 ③ フランダー

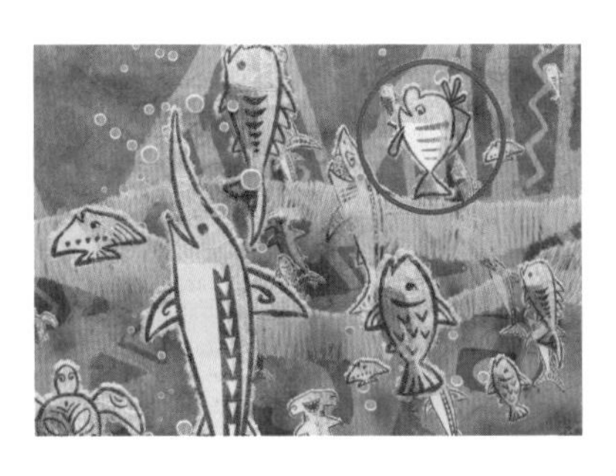

生まれ育った島を救うため冒険の旅に出た少女、モアナが出会う半神半人のマウイ。怖いもの知らず、自信満々の“俺様”なキャラクターの彼は、モアナが自分に感謝していると決めつけ「俺のおかげさ」を歌い始める。この歌の途中、海の中をサカナたちが泳ぐシーンに『リトル・マーメイド』のフランダーがまぎれている。

Q 108

『アナと雪の女王』で、エルサが女王になる戴冠式の日、城の門が開いたのは何年ぶりのこと？

① 12年ぶり
② 13年ぶり
③ 14年ぶり
④ 15年ぶり

Q 109

『ミラベルと魔法だらけの家』で、この柄の服を着ているのはだれ？

① ミラベル　② イサベラ　③ ルイーサ　④ ドロレス

A108 ② 13年ぶり

アナが幼いころ国王の言いつけで閉じられた城の門は、その後何年も開くことがなかった。しかし、エルサが女王になることが決まり、その門が13年ぶりに開かれる。そして、戴冠式のお祝いのために、国の内外から大勢の人たちが城を訪れる。一方、アナは久しぶりに城から出て、外の世界を楽しむ。

A109 ④ ドロレス

マドリガル家に生まれる子どもたちは、（ミラベル以外）みんなが“魔法のギフト（才能）”を与えられている。ミラベルの姉たち、イサベラは花を咲かせ、ルイーサはとても力持ち、母のフリエッタは料理で人を癒やすなど、その才能はそれぞれユニーク。そして、いとこのドロレスはどんな小さな音も聞き逃さない才能がある。そんな彼女の服には音波の模様がデザインされている。ほかの家族の服にも、各々の才能に関連したデザインが。

Q110

**『シュガー・ラッシュ：オンライン』で、
白雪姫が着ているTシャツに描かれているのは？**

① 小鳥
② 王子
③ 毒リンゴ
④ グランピー

Q111

**『ラーヤと龍の王国』の舞台となる国、
クマンドラが分断してできた5つの国は、
ハート、スパイン、タロン、テイルと何？**

① ウィング
② ファング
③ スウィング
④ スティング

A110 ③ 毒リンゴ

『シュガー・ラッシュ』の続編『シュガー・ラッシュ:オンライン』では、アーケードゲームの世界を飛び出したヴァネロペとラルフがインターネットの世界で大冒険。さまざまな情報があふれるネットの世界で、２人は普段着でくつろぐディズニープリンセスたちに出会う。白雪姫のＴシャツには毒リンゴのイラストと“POISON(毒)”の文字が。

A111 ② ファング

その昔、聖なる龍に守られた国クマンドラは、魔物に襲われ、５つの国に分断してしまう。それぞれの国には龍の５つの部位にちなんだ名前がつけられ、ハート(心臓)、スパイン(背骨)、タロン(爪)、テイル(尾)、そしてファング(牙)と呼ばれることに。５つの国はまったく異なる文化を持ち、龍の形をした川でつながっている。ラーヤは、そのうちのハートの長(おさ)の娘。

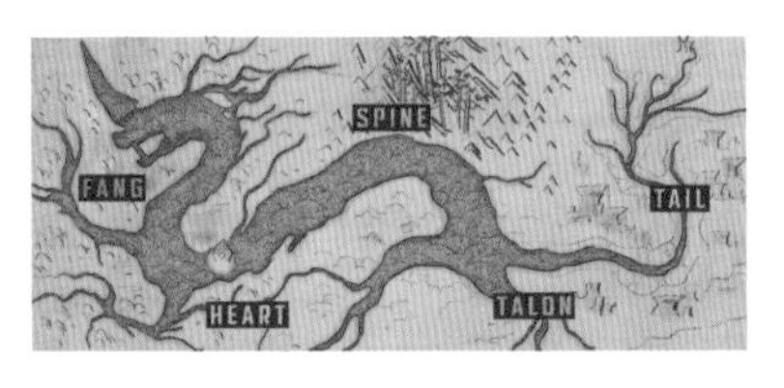

Q 112

**『ズートピア』で、ボゴ警察署長の部屋にある
カレンダーの写真はどこの風景？**

1. 『アナと雪の女王』のアレンデール
2. 『ライオン・キング』のプライドランド
3. 『バグズ・ライフ』のアント・アイランド
4. 『ベイマックス』のサンフランソウキョウ

Q 113

**『アナと雪の女王2』で、エルサが見つけた過去で、
アグナルが読んでいたのはどこの国の童話？**

1. ノルウェー
2. デンマーク
3. スウェーデン
4. フィンランド

A112 ④『ベイマックス』のサンフランソウキョウ

ズートピア警察署のトップは、頑固で、見るからに屈強そうなスイギュウのボゴ署長。事件の捜査はカバやゾウといったタフな動物にしか務まらないと信じていて、捜査に参加したい新米警官のジュディはなかなか認めてもらえず、注意されることもしばしば。その1シーンで、署長の部屋にかかっているカレンダーにサンフランソウキョウの景色が。

A113 ②デンマーク

アートハランに向かったエルサは、そこで凍りついた過去の数々を見つける。そのなかの一つに、エルサたちの両親、アグナル国王とイドゥナ王妃の幼い頃の過去が。「何を読んでいるの、陛下？」とイドゥナが聞くと、「デンマークの童話だよ」とアグナルは答える。その本の表紙には人魚のような姿が。もしかすると、デンマークの作家、アンデルセンが書いた「人魚姫」かもしれない。

ピクサーアニメーション

Pixar Animation

遊び心にあふれ、トリビアの宝庫ともいえる、ピクサー作品の問題にチャレンジ！　クイズに挑戦すると、新しい発見がありそう！

Q 114

ピクサー・アニメーション・スタジオ初の全編CG長編アニメーション映画『トイ・ストーリー』が全米公開された年は？

① 1990年

② 1993年

③ 1995年

④ 1998年

A114 ③ 1995年

『トイ・ストーリー』『モンスターズ・インク』など、人気作品を次々と生み出しているピクサー・アニメーション・スタジオ。初の全編CG長編アニメーション映画となった作品は、1995年に公開された『トイ・ストーリー』で、同スタジオのエポックメイキングな作品となった。ピクサー・アニメーション・スタジオは、3Dコンピュータ・グラフィックスを使った短編作品や、CMなどの映像を手がけていた会社で、ディズニー社と共同でこの作品を製作。当時としては画期的な、全編CG(コンピュータ・グラフィックス)を使ったことなどが評価され、ジョン・ラセター監督はアカデミー賞特別業績賞を受賞した。

Q 115

『モンスターズ・インク』で、
雪男のイエティがサリーとマイクをもてなすために
出してくれたアイスの味は？

① レモン
② ミント
③ ストロベリー
④ ソルト

Q 116

『トイ・ストーリー2』で、
「アルのトイ・バーン」に陳列（ちんれつ）されているのは、
どの作品のオモチャ？

① 『バグズ・ライフ』
② 『ジャイアント・ピーチ』
③ 『モンスターズ・インク』
④ 『ピノキオ』

A115 ①レモン

陰謀に巻き込まれ、ヒマラヤに追放されてしまったサリーとマイク。猛吹雪のなか、突如イエティが現れ、自宅（？）へ招待してくれる。とてもフレンドリーなイエティは、２人にレモン味のアイスを食べるようにすすめるのだが、その色を見て一瞬、マイクがひるむ。その理由は映画で確認してみよう！

A116 ①『バグズ・ライフ』

実はプレミアムのつく、マニア垂涎の人形だったウッディ。オモチャマニアのアルに誘拐され、彼が経営するオモチャ店「アルのトイ・バーン」に監禁されてしまう。ウッディの救出にのりだしたバズたちは「アルのトイ・バーン」に忍び込む。店内を捜索しているとき、『バグズ・ライフ』のオモチャが並ぶ一角を、バズが通るシーンがある。

Q 117

『ファインディング・ニモ』で、
作品中のニモの設定年齢は？

① 4歳
② 5歳
③ 6歳
④ 7歳

Q 118

『Mr.インクレディブル』で、
スーパーヒーローのMr.インクレディブルが、
一般人として暮らしているときの名前はなに？

① トム・パー
② ボブ・パー
③ ジム・パー
④ ベン・パー

A117 ③ 6歳

ニモはオーストラリアのグレート・バリアリーフに住んでいる、６歳のカクレクマノミ。心配性の父親マーリンは息子のニモを溺愛しているため、なにかと過保護になり、わんぱくなニモに反発されている。そしてニモは学校へ初登校した日、マーリンが止めるのを振り切ってサンゴ礁の外に出てしまい、ダイバーに捕まってしまう。

A118 ② ボブ・パー

かつてはスーパーヒーローとして悪と戦い、大活躍していたMr.インクレディブル。ところが、15年前にスーパーヒーローの活動が政府により禁止され、今は一般人のボブ・パーとして平凡に暮らしている。保険会社に勤めているボブは、家族とともに平凡な生活を送ろうと努力しているのだが、過去の栄光を忘れられずにいるのだった……。

Q 119

**『トイ・ストーリー』で、
アンディの妹モリーが車の中で聴いていた
ディズニーソングはなに？**

① 「星に願いを」
② 「ビビディ・バビディ・ブー」
③ 「ホール・ニュー・ワールド」
④ 「ハクナ・マタタ」

Q 120

**『モンスターズ・インク』で、
マイクが留年したと言っているのは、いつの話？**

① 幼稚園
② 小学校
③ 高校
④ 大学

A119 ④ ハクナ・マタタ

『トイ・ストーリー』は、人間の知らないオモチャの世界を描いた大ヒット作だ。劇中のラスト近くで、オモチャが大好きなアンディ少年とその家族は引っ越しのため、車で移動することに。ママが運転する車の中で、一瞬流れるのが『ライオン・キング』の「ハクナ・マタタ」。助手席に座っているモリーの好きなナンバーなのかも？

A120 ① 幼稚園

『モンスターズ・インク』のラストで、人間の子どもの悲鳴ではなく、笑い声を集めることになったモンスターズ社。お調子者のマイクが、笑い声を獲得するため、子ども相手に必死にギャグを連発する場面でのこと。幼稚園児くらいの男の子に、「俺、楽しすぎて留年しちゃったよ。幼稚園で」と言っている。マイクなら幼稚園留年もありえる？

Q121

『ファインディング・ニモ』で、
歯医者さんの水槽（すいそう）で暮らしている
タンク・ギャングのメンバーは何匹？

① 4匹
② 5匹
③ 6匹
④ 7匹

ほとんどのピクサー長編アニメーションに登場する
“A113”の文字。『インクレディブル・ファミリー』
では、どこに隠れている？

① バイクの車体
② 列車の車体
③ バスの車体
④ クルーズ船の船体

A121 ④ 7匹

タンク・ギャングは、ニモを捕獲した歯医者さんの水槽で暮らしている魚たち。リーダーであるツノダシのギル以下、ブロート、デブ、ジャック、ガーグル、ピーチ、バブルスなど、さまざまな種類の7匹だ。みんな個性的な性格の海の生き物ばかりで、例えばスズメダイのデブは、自分が水槽に映った姿を、双子のフローだと思い込んでいる。

A122 ② 列車の車体

ピクサーファンにはおなじみの“A113”は、ピクサー・アニメーション・スタジオのアニメーターの多くが学んだカルアーツ（カリフォルニア芸術大学）の教室番号。ほとんどのピクサー長編で、なにかの番号になって隠れている。『インクレディブル・ファミリー』では、イラスティガールが止める列車の車体に書かれた番号の一部に。

Q 123

**ミュージカル「ライオンキング」の
ポスターが登場するのはどの映画？**

①『Mr.インクレディブル』

②『バグズ・ライフ』

③『カーズ』

④『ウォーリー』

Q 124

**『レミーのおいしいレストラン』に登場する
天才シェフ、グストーの著書で
ベストセラーに輝いた本のタイトルは？**

①「あなたも名シェフ」

②「私も名シェフ」

③「君も名シェフ」

④「誰でも名シェフ」

A123 ②『バグズ・ライフ』

イソップ童話を原案に、小さな虫たちの世界を描いた『バグズ・ライフ』。働きアリのフリックは、食料を奪(うば)いにくるバッタのホッパーたちから仲間を守るため、“助っ人”として勇者を連れ帰ろうと、大都会へ出かけることに。華やかな街の景色をよく見ると、ミュージカル「ライオンキング」の、ポスターか看板らしきものがある。

A124 ④「誰でも名シェフ」

レミーはすぐれた味覚と嗅覚を持つネズミ。天才シェフのグストーを尊敬しており、ネズミながらいつか一流のシェフになることを夢見ている。そんなレミーに勇気を与えたのが、グストーの著書「誰でも名シェフ」。この本と「偉大な料理は、勇気から生まれる」というグストーの言葉は、レミーの運命を変えることになる。

Q125

**『ウォーリー』で、
ウォーリーは地球で何年間ゴミ処理を続けていた？**

① 500年
② 600年
③ 700年
④ 800年

Q126

**『ファインディング・ニモ』で、
歯医者さんの待合室にあるオモチャとして
登場するのはだれ？**

① ミッキーマウス
② ライトニング・マックィーン
③ マイク・ワゾウスキ
④ バズ・ライトイヤー

A125 ③ 700年

物語の舞台は29世紀の地球。人類はゴミだらけになった地球を捨て宇宙に逃れていき、ウォーリーは地球のゴミを片づけるロボットとして700年ものあいだ、ひとりぼっちで働いている。そして人類が暮らしているのは、ゴージャスで快適な宇宙船アクシオム艦。劇中で、艦長が出航から700年目を迎えたお祝いのスピーチを行う場面があり、ウォーリーの孤独さがより際立つ。

A126 ④ バズ・ライトイヤー

ダイビング中にニモを捕まえた歯医者さんの、病院の待合室が映るシーン。患者さんが退屈しないように、本やオモチャがたくさん置かれている。部屋の隅にあるオモチャ箱の、前方の床に置き去りにされているオモチャをよく見てみよう。バズのオモチャを発見できる。バズはオーストラリアの子どもたちにも人気があるようだ！

Q 127

**『メリダとおそろしの森』で、
メリダはなんという国の王女？**

① ダンブロッホ王国
② マクガフィン王国
③ ハイランド王国
④ マッキントッシュ王国

Q 128

**『カーズ2』で、メーターが
アイスクリームだと勘違いして食べたものは？**

① 歯磨き粉（はみが）
② わさび
③ からし
④ みそ

A127 ① ダンブロッホ王国

『メリダとおそろしの森』は、ピクサー初の女性が主人公になった作品だ。メリダはダンブロッホ王国という、映画オリジナルの国の王女という設定。神秘的な古代スコットランドが舞台になっているので、城や森などの映像がミステリアスで美しく、見応えがある。弓の名手で勇敢、自由を愛するメリダの活躍とともに、CG映像にも注目したい。

A128 ② わさび

ワールド・グランプリに出場するライトニング・マックィーンとともに、第１戦の舞台であるトーキョーへやってきたメーター。パーティーで、わさびをピスタチオ・アイスと勘違いして食べてしまい、大騒ぎに。そして、ピスタチオ・アイスは腐っているから食べるなと警告！

Q129

『レミーのおいしいレストラン』で、レストラン「グストー」のスキナー料理長が売りだした冷凍食品。そのラインナップに入っていないものはどれ？

① 中国料理
② メキシコ料理
③ イタリア料理
④ スコットランド料理

Q130

ほとんどのピクサー長編アニメーションに登場するピザ・プラネットのトラック。『リメンバー・ミー』では、どのシーンに出てくる？

① ミゲルが部屋でギターを弾くシーン
② ミゲルが窓から外を眺めるシーン
③ ミゲルが広場で靴を磨くシーン
④ ミゲルが通りでダンテと遊ぶシーン

A129 ③ イタリア料理

グストー亡き後のレストランで料理長になったスキナーは、グストーの名前で手軽な冷凍食品を売りだす。フランス料理のレストランでありながら、そのラインナップは、アメリカンなフライドチキンやコーンドッグ（アメリカンドッグ）をはじめ、メキシコ料理、中国料理など、グストーが嘆きそうな（実際に嘆いている!?）ものばかり。

A130 ② ミゲルが窓から外を眺めるシーン

ミュージシャンになることを夢見るミゲルの家では、悲しい過去から音楽が禁止されている。特におばあちゃんの音楽嫌いは相当なもの。家の窓からミゲルが外を眺めていると、音楽をかけながら車が通り、おばあちゃんはぴしゃりと窓をしめる。その車がピザ・プラネットのトラックだが、この作品ではPizza Planetaとスペイン語になっている。

Q 131

『モンスターズ・インク』に登場するレストラン名「ハリーハウゼン」は、ある人物に由来している。その人物に関連する技術はどれ？

① オーディオ・アニマトロニクス
② マルチプレーン・カメラ
③ ドルビーサウンド
④ ストップモーション・アニメーション

Q 132

『カールじいさんの空飛ぶ家』に登場するこのイヌの名前はなに？

① アルファ
② ベータ
③ ガンマ
④ オメガ

A131 ④ ストップモーション・アニメーション

『モンスターズ・インク』でマイクとセリアがデートする、人気のレストラン「ハリーハウゼン」は、レイ・ハリーハウゼンから名前をとっている。ハリーハウゼンは、人形を少しずつ動かして1コマずつ撮影するストップモーション・アニメーションで高く評価され、1950～70年代を中心に活躍した映画人。ピクサーのスタッフはもちろん、ジョージ・ルーカスなど、多くの映画人に影響を与えている。

A132 ③ ガンマ

風船で家ごと空に舞い上がったカールは、ようやくたどり着いた南米の秘境で、憧れの冒険家、チャールズ・マンツに出会う。マンツはたくさんのイヌたちと暮らしていて、そのうちの1匹がガンマ。ガンマはギリシャ文字だが、ほかにもアルファ（写真左）、ベータ（写真右）、オメガなど、ギリシャ文字から名づけられたイヌがいる。

Q133

『トイ・ストーリー3』のなかでブタの貯金箱のハムは、なんという別名で呼ばれている？

① マスター・ハム
② ドクター・ポークチョップ
③ ミスター・ピギー
④ プロフェッサー・バンク

Q134

『メリダとおそろしの森』の魔女の家のシーンにはほかのピクサーアニメーションの主人公の姿が隠れているが、それはだれ？

① ウッディ
② フリック
③ Mr.インクレディブル
④ サリー

A133 ② ドクター・ポークチョップ

『トイ・ストーリー3』の冒頭で繰り広げられるスリリングな冒険活劇。このなかで、宇宙船で現れたハムは、ドクター・ポークチョップと名乗る。ふだんの人のよさそうなハムとは、打って変わった悪役ぶり。ほかのキャラクターたちの意外な一面も垣間見ることができる、楽しいシーンに目が離せない。ちなみに、この“ドクター・ポークチョップ”は、『トイ・ストーリー2』にも登場する。

A134 ④ サリー

鬼火に導かれて森の奥へと入っていったメリダが見つけた、魔女の家。そこは、魔女が作った木彫りのクマや木材であふれている。そして、床に無造作に置かれた木材のなかに、『モンスターズ・インク』のサリーの姿を彫ったものが！　部屋は暗く、一瞬、クマかとも思えるが、小さな角が2本生えていて、これはサリーに違いない。

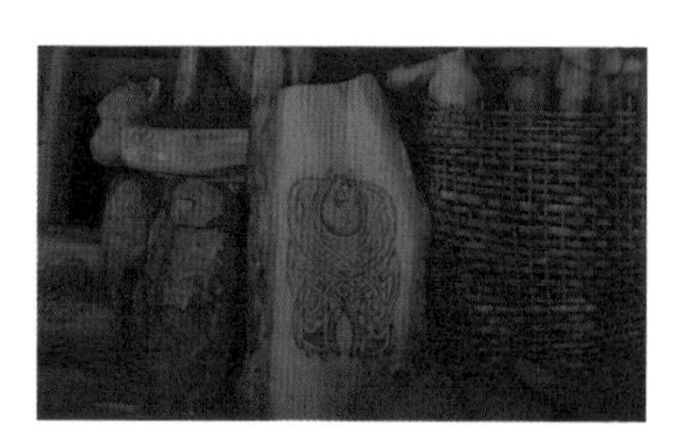

Q 135

**『モンスターズ・インク』に登場する
モンスターのジョージはどれ？**

① 
② 
③ 
④ 

Q 136

**『トイ・ストーリー2』のプロスペクターは、
背中のヒモを引くとしゃべるオモチャ。
では、何通りのセリフをしゃべる？**

① 7通り
② 8通り
③ 9通り
④ 10通り

A135 ②

サリーとともに、モンスターズ社で働く怖がらせ屋で、フルネームはジョージ・サンダーソン。成績はいいほうだが、人間の子どもの靴下（＝汚染物質）を、気づかずに持ち帰ってしまって、大変な目に遭う。もちろん、ほかの３人も怖がらせ屋の精鋭たち。それぞれ名前は、①クローズ、③ボブ、④ポーリー。

A136 ③ ９通り

炭鉱掘りのオモチャ、プロスペクターは、ウッディのように背中のヒモを引くとおしゃべりする。プロスペクターは、かつて「ウッディのラウンドアップ」というテレビ番組でウッディやジェシーと共演していたが、オモチャは買い手がつかなかったようで、新品同様に箱入りの状態。その箱には、“９通りのおしゃべり”と英語で記載が。

Q 137

『カーズ』でキングのスポンサーをする会社“ダイナコ”が登場する、ほかのピクサーアニメーションはどれ？

① 『トイ・ストーリー』
② 『モンスターズ・インク』
③ 『Mr.インクレディブル』
④ 『メリダとおそろしの森』

Q 138

『モンスターズ・ユニバーシティ』で、モンスターズ・ユニバーシティにない学部はどれ？

① 工学部
② 理学部
③ 法学部
④ 経営学部

A137 ①『トイ・ストーリー』

恐竜のトレードマークでおなじみの石油会社“ダイナコ”。『トイ・ストーリー』では、アンディたちが立ち寄るガソリンスタンドでこのダイナコのガソリンを扱っている。なんとピクサー長編アニメーション第１作で登場したダイナコが、『カーズ』で再登場していたのだ。

A138 ③法学部

モンスターズ・ユニバーシティには、工学部、理学部、経営学部に加えて、怖がらせ学部、教養及びモンスター学部の全５学部がある。なかでも、この大学の代名詞といえるのが、怖がらせ学部。怖がらせ屋を目指すマイクは、もちろん同学部を専攻し、ナイト教授（写真）から教えを受けることに。そして、この教室でサリーと出会う。

Q139

『ファインディング・ニモ』で、ニモをつかまえたダイバーのゴーグルに書かれていた住所は、シドニーのどこ？

① ワラビー通り12
② ワラビー通り22
③ ワラビー通り32
④ ワラビー通り42

Q140

短編作品『晴れ ときどき くもり』の監督、ピーター・ソーンは、『カールじいさんの空飛ぶ家』のどのキャラクターのモデルになっている？

① 大人のカール

② ラッセル

③ チャールズ・マンツ

④ 子どものカール

A139 ④ ワラビー通り42

さらわれたニモを救おうと、マーリンはダイバーの行方(ゆくえ)を追う。そこへ現れたドリーが、ゴーグルに書かれた文字を読みあげると、ダイバーの住所がシドニーのワラビー通り42であることが判明。マーリンは、一路その住所を目指す。ちなみに、実際のシドニーには、ワラビー通り42は存在しない。

A140 ② ラッセル

『カールじいさんの空飛ぶ家』のピート・ドクター監督によると「ピーター・ソーンは最高のキャラクターだから、彼の魅力を少しでもラッセルに取り入れたかった」のだとか。言われてみると、丸顔でラッセルにそっくりなピーター・ソーン。おしゃべり好きというところも、ラッセルに似ている。

Q141

『トイ・ストーリー』シリーズのキャラクターで『トイ・ストーリー3』に登場しないのはだれ？

① ミセス・ポテトヘッド
② バービー
③ ボー・ピープ
④ バターカップ

Q142

『バグズ・ライフ』のサーカス団が移動するとき、乗り物に使っているのはなんの空き箱？

① クッキー
② キャンディー
③ チョコレート
④ バブルガム

A141 ③ ボー・ピープ

美しい羊飼いのボー・ピープは、ランプスタンドの飾りの陶器製人形。『トイ・ストーリー』シリーズ1、2作目に登場するが、3作目には姿を見せない。ウッディによると「新しい持ち主の家に行った」ということ。彼女の話をするとき、思いを寄せていたウッディはちょっとさびしげ。ほかにも、ウィージーやスケッチが3作目には登場しない。

A142 ① クッキー

虫たちのサーカス団は2つの空き箱を連ねた乗り物で移動するが、この箱には、“ケイシー・ジュニア・クッキーズ”と英語で書かれている。ケイシー・ジュニアといえば、1941年のディズニーアニメーション『ダンボ』に登場するサーカスの機関車の名前と同じ。サーカスを描いた作品として有名な『ダンボ』へのオマージュになっている。

Q 143

**『ファインディング・ニモ』に登場する
アオウミガメのクラッシュは何歳？**

① 200歳
② 150歳
③ 100歳
④ 80歳

Q 144

**『カールじいさんの空飛ぶ家』に登場する
この場所は、なんと呼ばれている？**

① エデンの滝
② ユートピアの滝
③ パラダイスの滝
④ シャングリラの滝

A143 ② 150歳

クラッシュはなんと150歳。大らかで、なにごとにも動じない、バリバリ現役のサーファーだ。息子のスクワートも、子どもながらに一人前のサーファーである。2匹は人間にさらわれたニモを捜す旅に出た心配性の父マーリンと、唯一の手掛かりを持つドリーがピンチに陥ったとき助けてくれるのだった。

A144 ③ パラダイスの滝

“パラダイスの滝”は、冒険家に憧れていたカールじいさんと最愛の妻エリーが、いつか2人で行こうと誓った南米の秘境。エリーに先立たれたカールじいさんは、その約束を果たそうと無数の風船を使い、住み慣れた家と共に大空へ飛び立つ。滝のモデルとなったのは、南米ベネズエラにある世界一の落差を誇るエンジェル・フォールだ。

Q 145

『メリダとおそろしの森』（原題『Brave』）のロゴに隠れているキャラクターは、メリダとだれ？

① ファーガス
② エリノア
③ 三つ子の弟
④ アンガス

Q 146

短編アニメーション『ルクソーJr.』に登場する電気スタンドのルクソーJr.が、『バズ・ライトイヤー』のあるシーンに隠れている。それはどのシーン？

① バズの最初のテスト飛行のシーン
② バズの2度目のテスト飛行のシーン
③ バズの3度目のテスト飛行のシーン
④ バズの4度目のテスト飛行のシーン

A145 ② エリノア

弓の名手で、馬を乗りこなし、自由を愛する王女メリダと、王家のしきたりを重んじる厳格な母親、エリノア王妃。ぶつかり合うこともしばしばの母と娘の絆が、この作品の大きな鍵。タイトルロゴには、そんな2人の姿がデザインされている。よく見ると“BRAVE”のBにはメリダが、Eにはエリノアが。じつは、日本語のロゴにも、“メ”と“し”に、メリダとエリノアが隠れている。

A146 ① バズの最初のテスト飛行のシーン

1986年の短編『ルクソーJr.』の主人公、電気スタンドのルクソーJr.は、ピクサーのロゴにもデザインされている、おなじみのキャラクター。『バズ・ライトイヤー』では、不時着した惑星から地球に帰還するため、スペース・レンジャーのバズは、ハイパー・スピードテスト飛行に挑む。バズが乗り込んだXL-01が発進し、宇宙空間に飛び出したとき、画面の右下に注目。いくつもの星がルクソーJr.の形を作っているようだ。

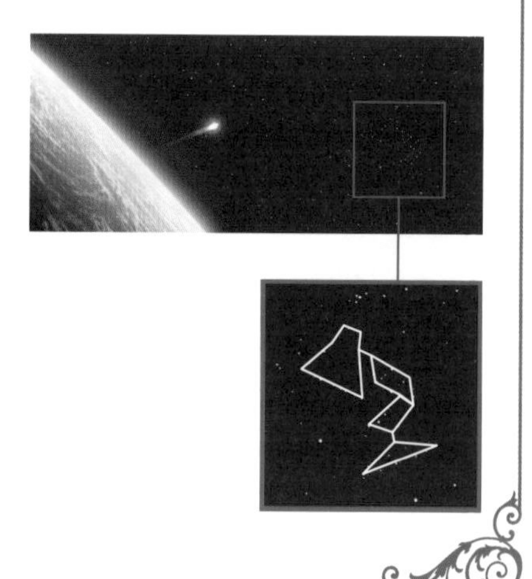

Q 147

『インサイド・ヘッド』に登場する
ビンボンの鳴き声は、どんな動物の声？

① クジラ
② オットセイ
③ イルカ
④ ペンギン

Q 148

短編アニメーション『ルクソーJr.』に登場する赤い星がデザインされたボールが、『トイ・ストーリー4』のあるシーンに隠れている。それはどのシーン？

① 幼稚園
② キャンピングカー
③ 遊園地
④ アンティーク店

A147 ③ イルカ

ライリーの頭の中の感情、ヨロコビとカナシミは、司令部から放り出された先で陽気なビンボンと出会う。ビンボンは、ライリーが3歳の頃、動物にはまり、大好きな動物を掛け合わせて作りだした“空想上の友だち”。見た目はネコやゾウで、肌の感触は綿あめのよう。そして、声はイルカで、涙はキャラメル味などのキャンディ。

A148 ④ アンティーク店

『ルクソーJr.』で、電気スタンドの子ども、ルクソーJr.が遊ぶボール。青と黄色地に赤い星が鮮やかなこのボールは、さまざまなピクサー作品に登場する。『トイ・ストーリー4』では、アンティーク店のシーンに注目。店の屋根にある換気口から、ウッディたちが見下ろした店内の床に、おなじみのボールが置いてある。

Q 149

『ソウルフル・ワールド』の理髪店のシーンに『トイ・ストーリー4』のキャラクターが隠れている。それは誰？

① ダッキー
② バニー
③ デューク・カブーン
④ ギャビー・ギャビー

Q 150

『アーロと少年』に登場する恐竜のアーロの動きは、どんな動物を参考にしている？

① サイ
② キリン
③ カバ
④ ゾウ

A149 ② バニー

ソウルの世界で出会った22番と地上に戻ってきたジョーのソウル。ところが、ジョーのソウルはネコの体に入ってしまい、ジョーの体の中には22番が入っていた。そんな2人は、ジョーの髪型を整えるため、いきつけの理髪店へ。その店内の鏡に飾られた写真に写る子どもが、『トイ・ストーリー4』のバニーを抱えている。

A150 ④ ゾウ

今から6500万年前、もしも恐竜たちが絶滅せずに生きていたら……という地球を舞台にしたこの作品の主人公アーロは、アパトサウルスという恐竜の子ども。アニメーターたちは、体の大きなアーロの姿を作りだすため、ゾウの脚の動きを勉強したそう。確かに、アーロの大きな足や膝の関節などはゾウによく似ている。

Q 151

『ファインディング・ドリー』で、ドリーが海洋生物研究所で出会うタコのハンクは何本足？

① 6本
② 7本
③ 8本
④ 9本

Q 152

『カーズ／クロスロード』で、レーシングセンターのトレーニングのシーンでモニター画面に映っているのは、どの映画によく似た映像？

① 『トイ・ストーリー』
② 『ウォーリー』
③ 『リメンバー・ミー』
④ 『2分の1の魔法』

A151 ② 7本

家族の記憶を思い出したドリーがカリフォルニアの海洋生物研究所にたどり着く。そして、出会うのが7本足のタコ、ハンク。キャラクターの制作時、スタッフはハンクの胴体と足の部分を別々に作ってから合わせた。ところが8本足はどうしても胴体とうまく合わず、7本足になった。ちなみに7本足でも、吸盤の数は350以上もある。

A152 ③『リメンバー・ミー』

新人レーサーに敗れ大事故に遭い、再起を図るため最新設備の整ったレーシングセンターへやってきたライトニング・マックィーンが目にしたのは、トレーニングマシンの上でひたすら走るレーサーたち。彼らが見つめるモニター画面には、『リメンバー・ミー』の街の風景が！ しかも、人物の代わりに車が描かれて、『カーズ』の世界のバージョンになっている。

Q 153

**『トイ・ストーリー４』の製作中、
ピクサー社内ではこの映画を
どんなタイトルで呼んでいた？**

① 『TS4』
② 『フォーキー』
③ 『ボニー』
④ 『ピープ』

Q 154

**『インサイド・ヘッド』の
ライリーの思い出のシーンで
雑誌の表紙になっているのは誰？**

① 『トイ・ストーリー』
シリーズのバービー
② 『Mr.インクレディブル』
のエドナ・モード
③ 『レミーのおいしいレス
トラン』のコレット
④ 『メリダとおそろしの森』
のメリダ

A153 ④ ピープ

ピープというのは、ランプスタンドの羊飼い人形ボー・ピープのこと。シリーズ2作目以来久々に登場した『トイ・ストーリー4』では、謎だったボーのバックストーリーも語られ、彼女が大活躍を見せる。監督のジョシュ・クーリーは、「ウッディに“人生でいちばん思い出に残っている瞬間は？”と聞いたら、きっと“ボー・ピープに再会したとき”と答えるはず」と語っている。

A154 ③『レミーのおいしいレストラン』のコレット

幼い頃、リビングルームのソファからソファに飛び移り、一人で楽しそうに遊ぶライリー。テーブルの上にクレヨンやはさみなどが散らばり、そばには雑誌の入ったバスケットが。ミネソタ州の高級料理を紹介するらしい雑誌の表紙を飾るのは、『レミーのおいしいレストラン』に登場するシェフのコレット。

Q 155

『Mr.インクレディブル』に登場する悪役で、『レミーのおいしいレストラン』でも姿を見せるのは誰？

① アンダーマイナー　② シンドローム　③ ボム・ヴォヤージュ　④ ミラージュ

Q 156

『リメンバー・ミー』で露店に並ぶアレブリヘ（木彫りの人形）の中に隠れているのはどのキャラクター？

① ニモ

② ウッディ

③ マイク・ワゾウスキ

④ ミッキーマウス

A155 ③ ボム・ヴォヤージュ

若かりしMr.インクレディブルが活躍していた頃、銀行強盗を働いたのがボム・ヴォヤージュ。金庫を爆破して、Mr.インクレディブルの前に現れたボム・ヴォヤージュは、白塗りの顔でフランス語をしゃべる。『レミーのおいしいレストラン』では、リングイニとコレットがローラースケートで歩道を通り過ぎるとき、ボム・ヴォヤージュがパントマイムをしている。

A156 ① ニモ

ミュージシャンを夢見るミゲルは、憧れのミュージシャンの像が立つ広場に向かう途中、アレブリヘの露店を通りかかる。アレブリヘは、メキシコの伝統工芸品の小さな木彫り人形で、動物やドラゴンなど形はさまざまで、色もカラフル。露店にずらりと並んだそんなアレブリヘのなかには、ニモやドリーの人形が。

Q157

『バズ・ライトイヤー』に登場するバズの血液型は何型？

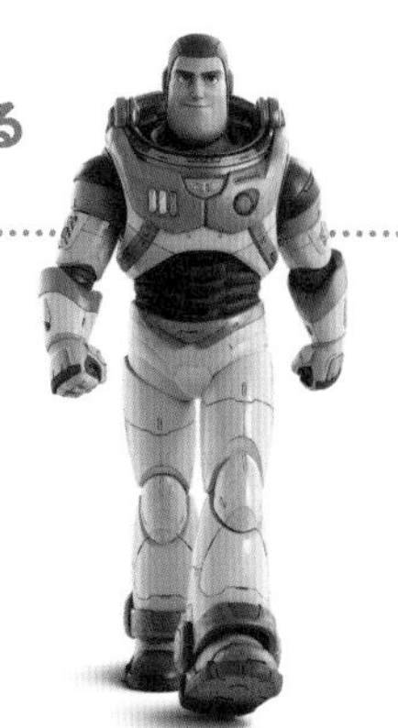

① A型

② B型

③ O型

④ AB型

Q158

『ウォーリー』で、ウォーリーが繰り返しビデオで見るお気に入りの映画は？

① 『ハロー・チャーリー！』

② 『ハロー・ドーリー！』

③ 『ハロー・モーリー！』

④ 『ハロー・ウォーリー！』

A157 ③ O型

ハイパー・スピードテスト飛行に失敗したバズは、それでも諦めずにテスト飛行を繰り返す。飛行士の装備を身につけるシーンでバズの胸元が映し出され、そこには首からチェーンで下げられた認識票が。よく見ると、"LIGHTYEAR BUZZ"の名前の下に"O POSITIVE"(O型Rh+)の英語が刻まれている。

A158 ② ハロー・ドーリー!

『ハロー・ドーリー!』は、バーブラ・ストライサンドが主演した1969年のミュージカル映画。『ウォーリー』を監督したアンドリュー・スタントンは、この映画の世界を象徴するのはまさにミュージカルだと思い、家にあった『ハロー・ドーリー!』のレコードを聞いたときにインスピレーションを得たという。とくに、恋人同士が手をつなぐシーンの歌「ほんの一瞬のこと」から、ウォーリーがイヴと手をつなぐシーンを思いついたそう。

ディズニーアニメーション
応用問題

Disney Animation: Crossover

製作された年を問わず、幅広くディズニーアニメーション全般からクイズを出題。いろいろな作品をよく見ていればわかるはず！

Q 159

『白雪姫』で、老婆に変身した女王が白雪姫に渡すリンゴはどれ？

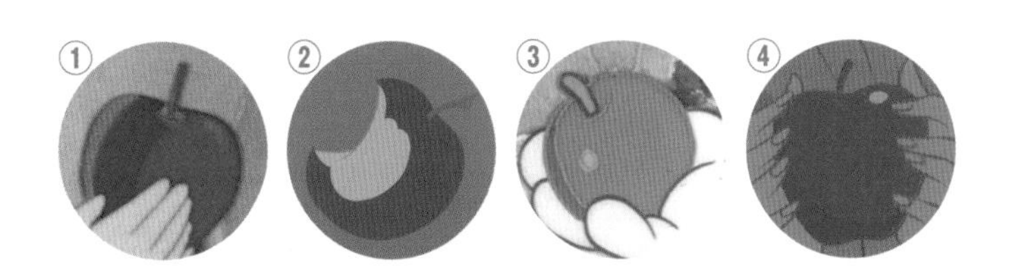

A159 ①

一口でも食べれば息が止まるとは知らず、言葉たくみにそそのかされ、白雪姫が食べてしまうリンゴ。老婆は、白雪姫が思わず食べたくなるようにと、毒リンゴを赤く仕上げていた。ちなみに②は、『ムーラン』である人が落としてしまうリンゴ。だれがどうして落とすのかは、ぜひお見逃しなく。③は、『ピノキオ』でピノキオが学校に持っていくリンゴ。④は、『アラジン』でアブーが市場から持ってきてしまったリンゴ。

①

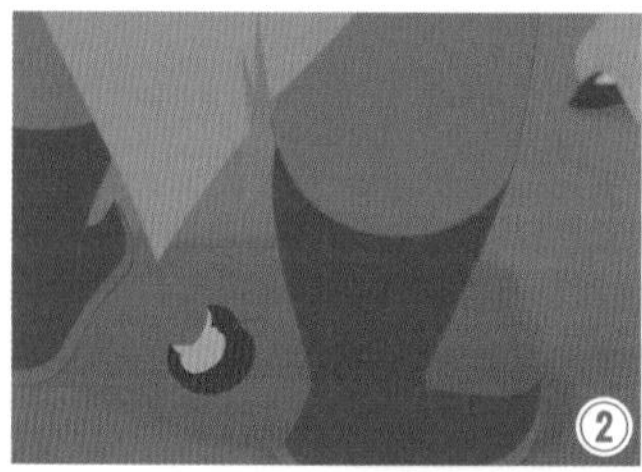
②

③

④

Q160

**英語版で、セリフの声と歌声を
違うキャストが演じているヒロインはだれ？**

①アリエル

②ムーラン

③ティアナ

④ラプンツェル

Q161

**次のシーンのうち、
南米のある王国が描かれているのはどれ？**

①

②

③

④

A160 ② ムーラン

ムーランのセリフを演じるのは、ドラマ「エージェント・オブ・シールド」でも知られる女優のミンナ・ウェン。そして、劇中で「リフレクション」「闘志を燃やせ!」などを歌うのは、レア・サロンガ。ブロードウェイの「ミス・サイゴン」の主演などで活躍するミュージカル女優のサロンガは、「アラジン」のジャスミンの歌声でもおなじみ。

A161 ①

①は、南米の王国を舞台にした『ラマになった王様』の1シーン。主人公のクスコは、この国のわがままな王様で、その性格が災いしラマに変えられてしまう。ちなみに②は、『ライオン・キング』の舞台となるアフリカ。③は、アメリカ大陸の先住民が主人公の『ポカホンタス』からのシーン。④は、『ブラザー・ベア』の舞台のアメリカ大陸北西部。

Q162

この４羽のハゲタカたちは、
どの映画に登場するキャラクター？

①『ロビンフッド』
②『眠れる森の美女』
③『ライオン・キング』
④『ジャングル・ブック』

次のヒーローたちのうち、
登場する作品のなかで馬に乗らないのはだれ？

① フィリップ王子

② エリック王子

③『白雪姫』の王子

④ フリン・ライダー

A162 ④『ジャングル・ブック』

『ジャングル・ブック』に登場するハゲタカたちは、暇を持て余し、通りかかったモーグリに声をかける。そして、モーグリがひとりぼっちだと知ると、友だちになろうとして歌いだす。しかも、意外なことに、美しくそろったコーラスで。ハゲタカといえば悪役のイメージが強いが、この４羽にかぎっては、めずらしくとてもフレンドリー。

A163 ②エリック王子

『リトル・マーメイド』で、人魚のアリエルが恋をするエリック王子は船乗りで、みずから大きな船の舵を取る。もちろん、暮らしているのは陸の上で、アリエルと乗り込んだ馬車の手綱を握ったりもするが、馬に乗るシーンは登場しない。

Q 164

**インディ・ジョーンズの映画のシーンが
登場するのは、どの映画？**

①『シュガー・ラッシュ』
②『ボルト』
③『チキン・リトル』
④『ベイマックス』

Q 165

**次の４人の男性のうち、
弁護士を職業にしているのはだれ？**

  ③ ④

A164 ③『チキン・リトル』

『チキン・リトル』の物語は、なにをやっても失敗ばかりのチキン・リトルの過去のエピソードから始まる。チキン・リトルが「大変だ」「逃げて」と騒いだことから、街中が大パニックに。そのとき、街の映画館で上映されているのは、『インディ・ジョーンズ／レイダース 失われたアーク《聖櫃》』。あの大玉がインディ目掛けて転がるシーンと騒動が重なって、思いがけない災難が巻き起こる。

A165 ①

①は、『おしゃれキャット』に登場する弁護士のオートクール。ボンファミーユ婦人の親友で、ネコたちに財産を相続させる遺言状を作りたいと、婦人に依頼される。ちなみに、②は『アトランティス／失われた帝国』のローク隊長、③は『ルイスと未来泥棒』のウィラースタイン先生、④は『ノートルダムの鐘』のフロロー判事。

Q 166

じつは人間が変身した姿で、
本物のネコではないのはどれ？

① 

② 

③ 

④ 

Q 167

アカデミー賞のオスカー像を、
特別に８個贈られた作品はどれ？

①『白雪姫』

②『ピノキオ』

③『アラジン』

④『アナと雪の女王』

A166 ④

④は、『ラマになった王様』に登場する悪役イズマ。王様をラマに変えてしまう張本人だが、彼女自身も、誤って薬を飲んでネコに姿が変わってしまう。ちなみに、①は『プリンセスと魔法のキス』で幼いシャーロットが飼っていたネコ、②は『おしゃれキャット』に登場するジャズネコのチャイニーズ・キャット、③は『ふしぎの国のアリス』のアリスが飼うダイナ。

A167 ①『白雪姫』

1939年開催の第11回アカデミー賞で、『白雪姫』の製作に対して名誉賞が贈られた。アカデミー賞の受賞者には金色の通称オスカー像が贈られるが、このときは通常のサイズに加えて、7人のこびとにちなんだ7つの小さなオスカー像が特別に用意された。この像は、現在、ウォルト・ディズニー・ファミリー・ミュージアムに展示されている。

Q 168

これはだれの父親？

① オーロラ姫
② アリス
③ ウェンディ
④ シンデレラ

Q 169

**この２人のキャラクターの、
共通点はなに？**

ティアナ

クロンク

① テディベアを持っている
② 魔法で変身してしまう
③ 料理が得意
④ リスの言葉がわかる

A168 ④ シンデレラ

シンデレラの父親は、劇中の冒頭でシンデレラの生い立ちが語られる場面に登場。シンデレラは妻に先立たれた父と、立派な屋敷に住んでいたが、父親が再婚し、継母と２人の姉が屋敷にやってくる。そして父親は急死してしまい、シンデレラのつらい日々が始まる。父親の横にいる耳の長い犬は、シンデレラの友だちの犬、ブルーノかも？

A169 ③ 料理が得意

ティアナは『プリンセスと魔法のキス』のヒロイン。自分のレストランを開くことを夢見ている。得意料理は揚げ菓子のベニエと、アメリカ南部の定番料理ガンボ・スープだ。

クロンクは『ラマになった王様』に登場するドジな悪役。料理が得意で、クスコ王の夕食用にホウレン草のパイを焼いたり、レストランでシェフの代わりをしたことも。

Q 170

これはあるプリンセスが、
鳥小屋の扉を開けるシーン。
扉を開けたのはだれ？

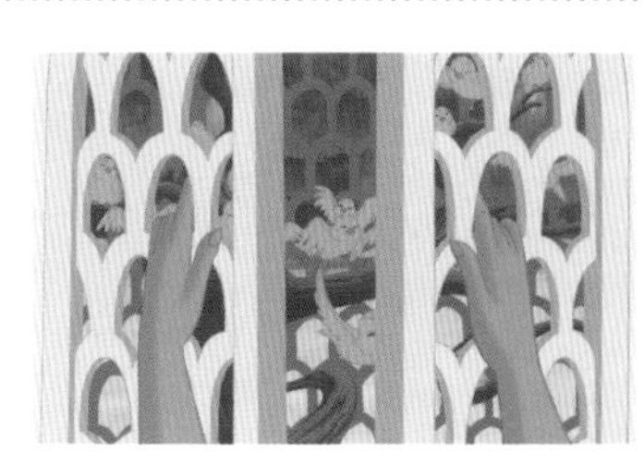

① 白雪姫
② オーローラ姫
③ ベル
④ ジャスミン

Q 171

日本語吹き替え版で、おもなボイスキャストを
劇団四季の俳優が担当した作品はどれ？

①『ヘラクレス』
②『ノートルダムの鐘』
③『美女と野獣』
④『ポカホンタス』

A170 ④ ジャスミン

『アラジン』の、王女ジャスミンは、3日後にせまった誕生日までに、結婚しなければならないと法律で定められていた。愛のない結婚など考えられないジャスミンは、父の心配をよそに、求婚する王子たちを追い返していた。そのことで父と言い争いをしたあと、鳥小屋の扉を開けて小鳥を逃がしてやる。自由のない自分を小鳥に重ね、解放してあげたのではないだろうか。

A171 ②『ノートルダムの鐘』

『ノートルダムの鐘』は、フランスの文豪ヴィクトル・ユーゴーの小説が原作の、壮大な物語だ。声優陣も豪華で、英語版ではトム・ハルス、デミ・ムーア、ケビン・クラインなどが担当している。そして日本語吹き替え版では石丸幹二、保坂知寿など当時、劇団四季に所属していた俳優が担当し、その演技力や歌唱力の高さも話題を呼んだ。

Question

Q172

『美女と野獣』に登場する、ベルの家はどれ？

Q173

まっ白な歯をキラリと光らせてほほえんでいる、この男性キャラクターはだれ？

① ヘラクレス
② ガストン
③ クスコ
④ ナヴィーン王子

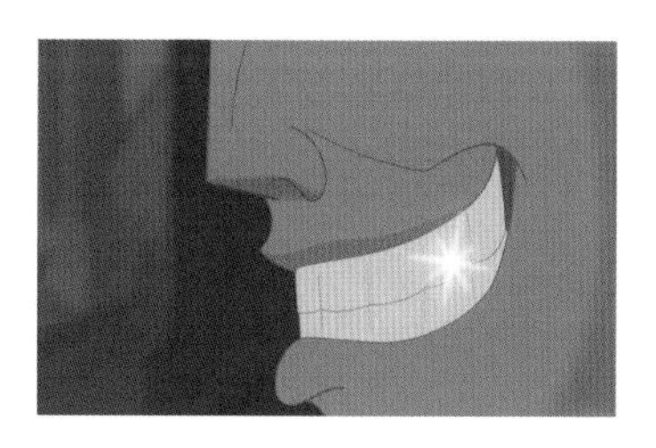

A172 ②

ベルの家は静かな田舎町にあり、発明家の父モーリスと暮らしている。オープニングで、買い物かごを持ったベルは、家を出て街へ向かう。読書が好きなベルは書店へ行き、店主にもらった本を読みながら家に帰るのだ。ちなみに①は『シンデレラ』のシンデレラ、③は『プリンセスと魔法のキス』のティアナ、④は『リロ&スティッチ』のリロの家。全部わかった？

A173 ① ヘラクレス

修行を積んだヘラクレスは、冥界の王ハデスが送りこんでくる怪物を次々と倒し、人気と名声が急上昇。街にはヘラクレスの像が建てられ、ヘラクレスのキャラクター商品まで発売されて大ヒットする。ヘラクレスがほほえむと、女の子はウットリしてしまうのだ！　そのすさまじい人気っぷりは「ゼロ・トゥ・ヒーロー」で歌われている。

Q 174

ウォルト・ディズニー生誕100周年記念として製作された作品で、物語のカギとなった、このアイテムの名前はなに？

① 羊飼いの書状
② 羊飼いの地図
③ 羊飼いの絵日記
④ 羊飼いの日誌

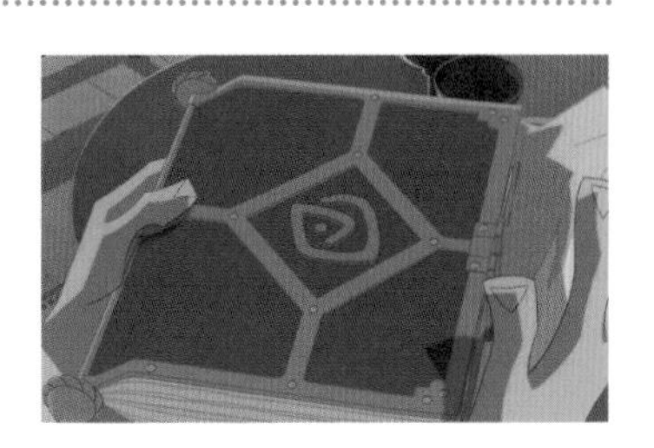

Q 175

これはあるキャラクターが変装した姿だが、このキャラクターが登場する作品はどれ？

① 『王様の剣』
② 『アラジン』
③ 『コルドロン』
④ 『101匹わんちゃん』

A174 ④ 羊飼いの日誌

ウォルト・ディズニー生誕100周年を記念して、2001年に公開された『アトランティス／失われた帝国』。主人公のマイロ・サッチは、博物館で働く言語学者で、消えた大陸アトランティスの発見を夢見ている。そして、この大陸の謎を解くカギといわれているのが、伝説の古文書「羊飼いの日誌」だ。日誌を手に入れたマイロは、アトランティスの探険隊に加わり、神秘の海底へと旅に出る。

A175 ②『アラジン』

大臣ジャファーの命令で逮捕され、牢に入れられたアラジン。魔法のランプがある洞窟に入れるのはアラジンだけだと知ったジャファーは、不気味な老人に変装し、投獄されているアラジンの前に現れる。そして言葉たくみにアラジンを誘惑し、ランプを取りに行かせる。老人の背中がふくらんでいるのは、オウムのイアーゴが隠れているため。

Q 176

『アナと雪の女王』のアナとエルサのコスチュームを着たキャラクターが隠れているのはどの映画？

① 『ズートピア』

② 『シュガー・ラッシュ：オンライン』

③ 『モアナと伝説の海』

④ 『ラーヤと龍の王国』

Q 177

実写映画『ジャングル・クルーズ』に主演するドウェイン・ジョンソンが声を演じているキャラクターは？

① 『アナと雪の女王』のオラフ

② 『シュガー・ラッシュ』のラルフ

③ 『モアナと伝説の海』のマウイ

④ 『ズートピア』のニック

A176 ①『ズートピア』

警察官として働くため、家族に見送られ列車に乗り込むジュディ。ズートピアには、レインフォレスト地区、サハラ・スクエア、ツンドラ・タウンなどのエリアがあり、そんな景色が次々と車窓を流れていく。その一つ、雪で覆われたツンドラ・タウンを列車が通り過ぎるとき、街の通りに注目。ゾウの子どもたちが、アナとエルサのコスチュームを着ている。

A177 ③『モアナと伝説の海』のマウイ

『ジャングル・クルーズ』(2021)で、アマゾンの観光客相手のクルーズ船の船長フランクに扮したドウェイン・ジョンソン。『モアナと伝説の海』では、半神半人のマウイの声を演じている。ポリネシア人の祖父を持つジョンソンにとって、南の島を舞台にしたこの作品は、大きな意味を持っているよう。公開が予定されている実写版『モアナと伝説の海』でも、同じマウイ役を演じるという。

Q178

**『ふしぎの国のアリス』に
使われるはずだった曲のメロディーを使い、
のちにほかの映画に登場した歌は？**

① 「ラララルー」
② 「右から２番目の星」
③ 「君のようになりたい」
④ 「町のクルエラ」

Q179

**原題に人物の名前がついているのは
どの映画？**

① 『レミーのおいしいレストラン』
② 『メリダとおそろしの森』
③ 『インサイド・ヘッド』
④ 『リメンバー・ミー』

A178 ②「右から2番目の星」

『ピーター・パン』のオープニングを飾る印象的な曲「右から2番目の星」。このメロディーは、『ふしぎの国のアリス』の「ビヨンド・ザ・ラフィング・スカイ」という歌のために書かれたものだった。しかし、曲調がおとなしすぎたことや、アリス役のキャサリン・ボーモントがあまり歌は得意でなかったことから、「私だけの世界」に差し替えられた。

A179 ④『リメンバー・ミー』

『リメンバー・ミー』の原題は『Coco』(ココ)。これは、主人公ミゲルのひいおばあちゃんの名前。ミゲルはひいおばあちゃんをママ・ココと呼び、いろいろと話しかける。邦題の『リメンバー・ミー』は、映画の中でミュージシャン、エルネスト・デラクルスが歌っていたヒット曲のタイトル。ひいおばあちゃんのココも、ミゲルが好きな曲「リメンバー・ミー」も、この映画の大きな鍵になっている。

Q180

**グーフィーより後に
デビューしたのは誰？**

① ミッキーマウス
② ドナルドダック
③ プルート
④ ミニーマウス

Q181

**ウォルト・ディズニーが
最初に製作したミッキーマウス主演の
アニメーション作品は？**

①『蒸気船ウィリー』
②『ギャロッピン・ガウチョ』
③『プレーン・クレイジー』
④『ファンタジア』

A180 ② ドナルドダック

グーフィーがスクリーンデビューしたのは、1932年の『ミッキー一座』。ドナルドダックは、1934年に「シリー・シンフォニー」シリーズの『かしこいメンドリ』でデビューした。ミッキーマウス、ミニーマウス、プルートはいずれも、グーフィーよりデビューが早い。ちなみに、ミッキー、ミニー、プルート、グーフィー、ドナルドの５人をビッグ５（英語ではFabulous 5を短くしたFab 5）と呼ぶ。

A181 ③『プレーン・クレイジー』

1928年の『プレーン・クレイジー』は、じつは『蒸気船ウィリー』よりも前に製作され、ミッキーのデビュー作となるはずだった。1927年に世界初のトーキー映画が上映され注目を集めると、ウォルト・ディズニーはミッキーのデビュー作をサイレント映画の『プレーン・クレイジー』からトーキー映画『蒸気船ウィリー』に変更。世界初のトーキーアニメーション『蒸気船ウィリー』は大ヒットし、その後、『プレーン・クレイジー』も音をつけてトーキーとして公開された。

ディズニーアニメーション トリビアクイズ

ディズニーファン編集部／編

2023年9月28日　第1刷発行

発行人　森田浩章
発行所　株式会社　講談社
東京都文京区音羽2-12-21
郵便番号112-8001
電話　編集☎03-5395-3141
販売☎03-5395-3625
業務☎03-5395-3603

構成・文　影山優子　島田綾子
デザイン　伊藤勇治
Special Thanks　浮田久子

製版・印刷所　株式会社KPSプロダクツ
製本所　株式会社国宝社

ISBN978-4-06-532917-7　N.D.C.778 193p 18cm

本の感想をお寄せください

「ディズニーアニメーション　トリビアクイズ」をお読みいただきまして、ありがとうございました。編集部では、皆様のご意見をうかがい、今後の出版企画の参考にさせていただきたいと考えております。

以下の2次元コードまたはURLから専用サイトにアクセスして、アンケートにお答えいただきますよう、お願いいたします。

http://enq.kodansha.co.jp/?uecfcode=enq-rrmcxp-92

応募期間：2025年9月28日まで

〈参考文献〉

●「ディズニー・トリビア」　講談社　2003
●「ディズニープリンセスの秘密」　講談社　2004
●Smith, Dave「Disney A to Z: The Official Encyclopedia: Third Edition」Disney Editions, New York, 2006
「Disney A to Z : The Official Encyclopedia オフィシャル百科事典」山本美香他訳　ぴあ　2008
●「ディズニー・チャレンジ100」　講談社　2009
●「ディズニー・チャレンジ100　キャラクターのクイズがいっぱい！」　講談社　2009
●「ディズニーアニメーション大全集　新装改訂版」　講談社　2021
●「ピクサー アニメーション大全集」　講談社　2022